2025 공무원 시험 대비

적중동형 봉투모의고사
Vol. 2

한국사

∥ 제1회 ~ 제10회 ∥

정답 및 해설

박문각

2025 공무원 시험 대비 적중동형 모의고사
한국사 정답 및 해설
▌제1회~제10회▐

응시자 주의사항

1. **시험시작 전 시험문제를 열람하는 행위나 시험종료 후 답안을 작성하는 행위를 한 사람**은 「지방 공무원 임용령」 제65조 등 관련 법령에 의거 **부정행위자**로 처리됩니다.
2. 시험이 시작되면 문제를 주의 깊게 읽은 후, **문항의 취지에 가장 적합한 하나의 정답만을 고르 며**, 문제내용에 관한 질문은 할 수 없습니다.
3. **답안은 문제책 표지의 과목 순서에 따라 답안지에 인쇄된 순서에 맞추어 표기해야 하며**, 과목 순서를 바꾸어 표기한 경우에도 문제책 표지의 과목 순서대로 채점되므로 유의하시기 바랍니다.
4. 법령, 고시, 판례 등에 관한 문제는 **2025년 4월 30일 현재 유효한 법령, 고시, 판례 등을 기준**으로 정답을 구해야 합니다. 다만, 개별 과목 또는 문항에서 별도의 기준을 적용하도록 명시한 경우에는 그 기준을 적용하여 정답을 구해야 합니다.
5. **시험시간 관리의 책임은 응시자 본인에게 있습니다.**
   ※ 문제책은 시험종료 후 가지고 갈 수 있습니다.

정답공개 및 이의제기 안내

1. 정답공개 일시: 정답가안 6.21.(토) 14:00 / 최종정답 6.30.(월) 18:00
2. 정답공개 방법: 사이버국가고시센터(www.gosi.kr) ➜ [시험문제 / 정답 → 문제 / 정답 안내]
3. 이의제기 기간: 6.21.(토) 18:00 ~ 6.24.(화) 18:00
4. 이의제기 방법
   ■ 사이버국가고시센터 ➜ [시험문제 / 정답 → 정답 이의제기]
   ■ 구체적인 이의제기 방법은 정답가안 공개 시 공지 예정

2025 공무원 시험 대비 적중동형 모의고사 제1회
한국사 정답 및 해설

1회차 문항분석표

구분	정치	경제	사회	문화
선사	1			
고대	2, 3, 4			
중세	5, 8		6	7
근세	9			10
근대 태동기			12	11
근대 개항기	13, 15			
일제 강점기	16, 18	17		14
현대	19, 20			

✓ 제1회 모의고사 정답

01 ②	02 ②	03 ④	04 ④	05 ②
06 ①	07 ②	08 ①	09 ④	10 ②
11 ②	12 ②	13 ④	14 ③	15 ④
16 ④	17 ③	18 ③	19 ③	20 ①

01 [고조선] ▶ ②

제시된 자료의 (가)는 고조선을 일컫는다. ② 고조선은 왕 밑에 상·대부·장군 등의 관직을 두었다.

오답해설 ① 삼한 중 마한에 대한 설명이다. ③ 부여에 대한 설명이다. ④ 동예의 풍습에 대한 설명이다.

개념정리 고조선

건국	• 성립: 단군왕검, 기원전 2333년(『삼국유사』, 『동국통감』) • 영역: 요령~한반도, 비파형 동검·고인돌(탁자식·북방식)·미송리식 토기의 출토 분포와 거의 일치 • 단군 이야기: 청동기 문화를 바탕으로 고조선이 성립된 역사적 사실 반영 • 수록 문헌: 『삼국유사』(일연), 『제왕운기』(이승휴), 『세종실록지리지』(춘추관), 『응제시주』(권람), 『동국여지승람』(노사신) 등
발전	**단군조선** • 세력 범위: 요령~한반도(대동강 유역 중심) • 정치 조직 확립: 왕위 세습(B.C. 3C, 부왕·준왕), 관직 정비(상·대부·장군·박사) • 대외 관계: 연나라와 대립(연과 대등할 만큼 강성) • 연나라 장수 진개의 공격으로 요동 지역을 상실하고 대동강으로 이동(B.C. 3C 초) **위만조선** • 유이민의 이동(2차): 진·한 교체기 위만이 고조선으로 이동, 세력 확대 • 위만 왕조 성립(B.C. 194): 유이민 세력과 토착 세력의 연합 정권, 단군 조선 계승 • 철기의 본격적 수용, 중계 무역으로 번영 • 대외 관계: 흉노와 연결, 한과 대립(→ 한 무제의 침입)
멸망	한 무제의 침입, 지배층의 내분으로 멸망(B.C. 108) → 한 군현 설치 ↔ 토착민의 저항
사회	8조법 • 기록: 『한서』 지리지(반고) • 내용: 살인죄, 상해죄, 절도죄 → 생명 존중, 농경 사회, 사유 재산제와 계급 사회

02 [장보고] ▶ ②

제시된 자료는 장보고의 활동을 서술한 것이다. ② 김헌창 등에 대한 설명이다.

오답해설 ①④ 장보고는 흥덕왕 때 청해진 대사로 임명되어 해적을 소탕하고, 당─신라─일본을 잇는 서남해 해상 무역권을 장악하였다. ③ 장보고는 중국 산둥반도에 법화원이라는 절을 지었다. 이곳에는 신라인 승려 24명이 거주하고 있었고, 정월 대보름의 법회에는 신라인 250명이 모였다.

03 [백제 성왕] ▶ ④

제시된 자료는 백제 성왕의 재위 기간에 대해 서술한 내용이다. ④ 백제 성왕 때 신라와 연합하여 고구려를 공격하였다. 이에 따라 성왕은 한때 한강 하류 지역을 차지하였다.

오답해설 ① 백제 동성왕, ② 백제 무왕, ③ 백제 근초고왕 때의 일이다.

04 [광개토대왕릉비] ▶ ④

④ 제시된 자료는 광개토대왕릉비에 새겨져 있는 내용이다. 광개토대왕릉비는 추모왕의 신이한 출생(고구려 건국 이야기)은 물론 광개토 대왕의 정복 활동 등을 기록하였다.

05 [우왕] ▶ ②

제시된 자료는 고려 우왕 때 철령위 설치 문제와 관련된 내용이다. ② 우왕 때의 일이다.

오답해설 ① 공민왕, ③ 창왕, ④ 충렬왕 때의 사실이다.

06 [고려 시대의 사회] ▶ ①

팔관회는 고려에서 매우 중요하게 여긴 국가적인 불교 행사였다. ① 조선 후기에는 같은 성을 가진 사람끼리 모여 사는 동성 마을이 많이 만들어졌다.

오답해설 ② 고려 왕실에서는 권력을 강화하기 위해 근친혼이 빈번하게 이루어졌다. ③ 고려 시대의 가족 제도에 대한 설명이다. ④ 고려의 양민에 대한 설명이다.

07 [고려의 역사서] ▶ ②

제시된 자료의 (가)는 『삼국유사』를, (나)는 『제왕운기』를 일컫는다. ② 『삼국사기』는 '괴력난신(초자연적이고 신비한 것)은 다루지 않는다.'라는 원칙에 따라 서술되었다.

오답해설 ① 『삼국유사』, ③④ 『제왕운기』에 대한 설명이다.

08 [고려 정종] ▶ ①

빈칸에 들어갈 국왕은 고려 3대 국왕인 정종이다. ① 고려 정종은 거란의 침입에 대비하기 위해 광군 30만을 조직하였다.

오답해설 ② 고려 태조는 신라 경순왕을 사심관으로 임명하여 경주 지역을 관할하게 하였다. ③ 광종 때의 공신 숙청에 대한 설명이다. ④ 고려 성종의 업적이다.

09 [세조] ▶ ④

제시된 자료는 집현전에 대해 서술한 내용으로, 집현전은 세조 때 혁파되었다. ④ 세조는 왕권 강화를 위해 의정부 서사제를 폐지하고, 6조 직계제를 부활하였다.

오답해설 ① 세조 때의 일이다. ② 세조 때의 보법제 시행에 대한 설명이다. ③ 세조 때 신숙주, 남이 등을 보내 북쪽의 여진족을 토벌하여 북방을 안정시켰다.

10 [조선 전기의 문화재] ▶ ②

제시된 자료에서 밑줄 친 '이것'은 조선 전기인 세종 때 만들어진 해시계 앙부일구이다. ② 조선 전기 해인사에 장경판전을 지어 팔만대장경을 보관하였다.

오답해설 ① 법주사 팔상전은 조선 후기인 17세기에 세워진 목조 건축물로, 우리나라에서 유일한 목조 5층탑이다. ③ 경천사 10층 석탑은 고려 시대에 건립된 탑이다. ④ 연가 7년명 금동 여래 입상은 고구려에서 만들어진 불상이다.

11 [실학(경세치용 학파, 중농학파)] ▶ ②

② 박제가는 경세치용 학파가 아니라 이용후생 학파(중상학파)에 속한 인물이다.

오답해설 ①③④ 모두 경세치용 학파에 속한 학자들이다. 이들은 농촌 생활의 안정과 자영농 육성을 위해 토지 개혁론을 제시하였다. 이익은 한전론(토지 소유의 하한선 제시)을, 유형원은 균전론을, 정약용은 정전론과 여전론을 주장하였다.

개념정리 경세치용 학파

형성	경기 남인 중심	
특징	농촌 사회의 안정을 위한 각종 제도의 개혁 추구, 토지 제도 개혁을 가장 중시(중농주의)	
대표학자	유형원	• 일평생 농촌에서 학문 연구, 『반계수록』과 『동국여지』 등 저술 • 균전론: 토지를 신분에 따라 차등 있게 분배, 이를 바탕으로 조세·군역 부과 • 결부법 대신 경무법 실시, 병농일치의 군사 제도와 사농일치의 교육 제도 주장
	이익	• 성호학파 형성(안정복·이중환 등 제자 양성), 『성호사설』과 『곽우록』 등 저술 • 한전론: 매 호마다 영업전 지급, 영업전 매매 금지(최소한의 땅 보전) • 6좀론: 6개 폐단(노비제, 과거제, 양반 문벌, 기교, 승려, 게으름) 지적 • 붕당론(제한된 관직 둘러싼 갈등 → 붕당 폐단), 폐전론(화폐 사용 비판) • 역사관: 도덕 중심의 사관 비판, 중국 중심의 세계관 탈피 *역사를 움직이는 힘은 시대의 추세 − 운수 − 도덕 순서로 파악
	정약용	• 실학의 집대성: 이익 등 남인 계승 + 과학 기술과 상공업 발달 중요시(기예론, 거중기와 배다리 설계) • 토지 개혁론: 여전론(마을 단위의 토지를 공동 소유·공동 경작, 노동량에 따른 분배), 정전제(국가가 토지 매입하여 농민에게 분배, 자영농 육성) • 주요 저술: 『목민심서』(지방 행정 개혁), 『경세유표』(제도 전반 개혁), 『흠흠신서』(형옥에 관한 법률 지침서), 『탕론』(백성이 국가의 근본임을 강조), 『원목』(통치자는 백성을 위해 존재해야 함), 『전론』(여전제 주장), 『아방강역고』, 『마과회통』 등 500여 권

12 [임술민란]　▶ ②

제시된 자료는 철종 때 일어난 임술민란과 관련된 내용이다. 임술민란은 경상우병사 백낙신의 과도한 수탈과 삼정 문란이 주된 원인이 되어 발발하였다. ② 임술민란이 일어나자, 정부는 안핵사 박규수를 파견하여 민란을 수습하고자 하였다.

오답해설 ① 명종 때 일어난 임꺽정의 난에 대한 설명이다. ③ 동학 농민 운동 때의 일이다. ④ 순조 때 발발한 홍경래의 난에 대한 설명이다.

13 [근대의 정치 상황]　▶ ④

제시된 지도에서 (가)는 청, (나)는 러시아, (다)는 일본, (라)는 영국이다. ④ 일본과 가쓰라－태프트 밀약을 체결한 국가는 영국이 아니라 미국이다.

오답해설 ① 청나라는 군대를 보내 임오군란을 진압하였다. ② 러시아는 부산 앞바다에 있는 절영도를 조차하여 러시아 해군의 연료 보급을 위한 저탄소 시설(석탄 · 숯 보관)을 설치하고자 하였다. 그러나 독립 협회의 반발로 러시아의 절영도 조차 요구는 철회되었다. ③ 일본은 1894년 6월 경복궁을 점령하였다.

14 [백남운]　▶ ③

제시된 자료는 사회 경제 사학자인 백남운의 주요 활동을 간략히 서술한 것이다. ③ 백남운은 『조선봉건사회경제사』를 저술하여 고려 시대와 조선 시대에도 봉건 사회가 존재했음을 밝혔다.

오답해설 ① 박은식, ② 신채호, ④ 정인보가 저술하였다.

15 [대한 제국(광무개혁)]　▶ ④

제시된 자료는 1898년 관민 공동회에서 고종에게 올린 '헌의 6조'의 내용이다. ④ 대한 제국은 1900년 내장원 산하 기관으로 서북 철도국을 두어 경의선 부설 작업을 추진하였다.

오답해설 ① 정부는 1894년 군국기무처를 설치하여 1차 갑오개혁을 추진하였다. ② 2차 갑오개혁 때 추진된 정책이다. ③ 을미개혁 때의 군제 개혁에 대한 설명이다.

16 [조선 의용대]　▶ ④

제시된 자료는 민족 혁명당의 변천 과정을 간략히 서술한 것이다. 1937년에 결성된 조선 민족 전선 연맹은 산하 부대로 조선 의용대(1938)를 조직하였다. ④ 조선 민족 전선 연맹은 중국 국민당 정부의 지원을 받아 군사 조직인 조선 의용대를 조직하였다. 이는 중국 관내에서 결성된 최초의 한인 군사 조직이었다.

오답해설 ① 양세봉이 이끄는 조선 혁명군에 대한 설명이다. ②③ 한국 광복군에 대한 설명이다.

17 [민립 대학 설립 운동]　▶ ③

제시된 자료는 조선 민립 대학 기성회에서 발표한 '민립 대학 발기 취지서'의 내용이다. ③ 민립 대학 설립 운동 당시, 대학 설립을 위해 '한민족 1천만이 한 사람 1원씩'이라는 구호를 내걸고 모금 운동을 전개하였다.

오답해설 ① 물산 장려 운동에 대한 설명이다. ②④ 문맹 퇴치 운동(문자 보급 운동과 브나로드 운동) 등에 대한 설명이다.

18 [일제 강점기 정치]　▶ ③

제시된 자료의 (가)는 1910년 중추원 설치에 대한 내용이고, (나)는 1922년 2차 조선 교육령과 관련된 내용이다. ③ 일제는 1925년 치안 유지법을 제정하여 민족 운동을 탄압하였다.

오답해설 ① 1920년의 일이다. ② 1912년의 일이다. ④ 1919년 3 · 1 운동을 계기로 그해 8월에 총독부 관제 개편이 이루어졌다. 이때 조선 통치의 문제로 지목되었던 헌병 경찰 제도가 폐지되고 보통 경찰 제도로 바뀌었다.

19 [전두환 정부]　▶ ③

빈칸에 들어갈 인물은 전두환이다. ③ 전두환 정부 때인 1987년 1월에 일어난 박종철 고문 치사 사건에 대한 설명이다.

오답해설 ① 베트남 파병은 박정희 정부 때인 1960~1970년대의 일이다. ② 박정희 군정 시기에 대한 설명으로, 1961년부터 1963년까지의 일이다. ④ 1973년 박정희 정부 때 중앙정보부는 일본에 망명 중이던 김대중을 납치했다가 서울의 자택 앞에서 풀어주었다.

20 [김규식]　▶ ①

제시된 자료는 김규식의 연보이다. ① 반민족 행위 특별 조사 위원회는 제헌 국회 의원들로 구성되었다. 하지만 김규식은 5 · 10 총선거에 불참했기 때문에 제헌 국회 의원이 될 수 없었고, 반민족 행위 특별 조사 위원회에도 참여할 수 없었다.

오답해설 ②③④ 김규식의 활동에 대한 설명이다.

한국사 정답 및 해설

2회차 문항분석표

구분	정치	경제	사회	문화
선사	20			
고대	16, 17, 18			19
중세	13, 14	15		
근세	12			11
근대 태동기	9	10		
근대 개항기	7			6
일제 강점기	4, 5			
현대	2	3		
통합	1, 8			

✅ 제2회 모의고사 정답

01 ④	02 ①	03 ①	04 ②	05 ①
06 ③	07 ③	08 ②	09 ④	10 ②
11 ①	12 ④	13 ③	14 ①	15 ③
16 ④	17 ③	18 ①	19 ③	20 ④

01 [개성(개경) 지역사] ▶ ④

제시된 자료의 밑줄 친 '이 지역'은 개성(개경, 송악)을 일컫는다. ④ 송상은 조선 후기에 개성(송악)을 근거지로 활동한 사상이다.

오답해설 ① 서울(한성, 한양)에 대한 설명이다. ② 평양에 대한 설명이다. ③ 경상도 영주(풍기)에서 전개된 역사적 사실이다.

02 [김영삼 정부] ▶ ①

제시된 자료는 김영삼 정부에 대해 서술한 내용이다. ① 김영삼 정부는 투명한 금융 거래를 위해 금융 실명제를 실시하였다.

오답해설 ② 김대중 정부 때의 일이다. ③ 전두환 정부 때의 유화 정책에 대한 설명이다. ④ 전두환 정부는 언론 기관을 통폐합하고 보도 지침을 통해 기사 내용에 간섭하는 등 언론을 억압하였다.

03 [1950년대 경제] ▶ ①

제시된 자료는 1950년대 경제 상황을 서술한 것이다. ① 1950년대 정부의 지원을 받아 원조 물자에 토대를 둔 삼백 산업(제분, 제당, 면방직 산업)이 발달하였다.

오답해설 ② 1차 경제 개발 5개년 계획은 1962년부터 1966년까지 추진되었다. ③ 1970년대의 경제 상황에 대한 설명이다. ④ 1997년 말에 외환 위기를 맞은 우리나라는 국제 통화 기금(IMF)의 긴급 금융 지원을 받아 국가 부도를 모면하였다.

04 [독립 의군부] ▶ ②

임병찬은 1912년 고종의 밀명을 받아 독립 의군부를 조직하였다. ② 독립 의군부와 대한 광복회는 1910년대 국내에서 비밀 결사의 형태로 활동하였다.

오답해설 ①③④ 1915년에 조직된 대한 광복회에 대한 설명이다.

05 [국민 대표 회의] ▶ ①

제시된 자료는 1923년에 발표한 국민 대표 회의 준비 위원회 선언서의 내용이다. 따라서 밑줄 친 '회의'는 국민 대표 회의를 일컫는다. ① 대동단결 선언은 1917년 상하이에서 신채호, 조소앙 등이 발표하였다.

오답해설 ②③④ 국민 대표 회의와 관련된 내용이다.

06 [대한매일신보] ▶ ③

제시된 자료는 1904년에 창간된 대한매일신보의 활동에 대해 서술한 내용이다. ③ 대한매일신보는 사실상 신민회의 기관지 역할을 하였는데, 통감부의 정치와 일제의 침략 야욕을 맹렬히 공격하였다.

오답해설 ① 독립신문에 대한 설명이다. ② 황성신문에 대한 설명이다. 그리고 '여권통문'은 대한매일신보 창간 이전인 1898년에 발표되었다. ④ 한성순보에 대한 설명이다.

07 [흥선 대원군] ▶ ③

제시된 자료는 병인양요가 발발하자 흥선 대원군이 발표한 격문의 내용으로, 척화의 의지를 보여 주고 있다. ③ 흥선 대원군 하야 이후인 1881년에 5군영을 무위영과 장어영으로 통합하였다.

오답해설 ①②④ 흥선 대원군이 실시한 정책이다.

개념정리 흥선 대원군의 개혁 정치

왕권 강화	인재 등용	안동 김씨 세력 축출, 사색당파의 인재를 고루 등용
	비변사 폐지	비변사 사실상 폐지 ↔ 의정부와 삼군부의 기능 회복
	법전 편찬	『대전회통』, 『육전조례』 편찬 → 통치 체제 재정비
	경복궁 중건	• 왕실의 위엄을 높이기 위해 경복궁 중건 • 공사 비용 마련: 원납전 강제 징수, 당백전 남발(물가 폭등 초래), 청나라에서 청전(淸錢) 수입하여 유통, 결두전, 통행세 등 • 양반의 묘지림 벌목, 백성들을 강제로 공사에 동원
민생 안정	삼정의 문란 시정	• 전정: 양전 실시(은결 색출), 지방관과 토호의 토지 겸병 금지 • 군정: 호포법(양반에게 군포 징수) → 군포를 개인이 아니라 호 단위로 부과 • 환곡: 지방관이 아니라 지역민이 자치적으로 운영(중간 수탈 배제)
	서원 철폐	• 배경: 서원은 면세·면역의 특권 누리며 인근 백성들 수탈 • 과정: 47개의 사액 서원만 남기고 600여 개의 서원과 만동묘(명나라 황제 제사) 철폐, 서원 소속의 토지와 노비 몰수(국가 재정 확충)

08 [유네스코 문화유산] ▶ ②

② 백제 역사 유적 지구에 속하는 무령왕릉은 벽돌무덤이다.

오답해설 ① 경주 역사 유적 지구 중 대릉원 지구에 속한 천마총은 돌무지덧널무덤이다. ③ 고령 지산동 고분군은 대가야의 유적지이다. ④ 종묘에 대한 설명이다.

09 [정조] ▶ ④

제시된 자료는 정조 때의 문물 제도 정비에 대해 서술한 것이다. ④ 정조는 박제가·서이수·유득공·이덕무 등 서얼들을 규장각 검서관으로 발탁하였다.

오답해설 ① 순조 때 중앙 관청에 소속되어 있던 6만여 명의 공노비를 해방시켰다. ② 현종 때 남인의 주도 아래 훈련별대가 창설되었다. ③ 영조의 업적에 대한 설명이다.

10 [조선 후기의 수취 제도] ▶ ②

ⓛ 광해군 때 경기도에서 대동법을 처음 실시하였다. ⓒ 인조 때 제정된 영정법에 대한 설명이다. ㉠ 영조 때 균역법 시행과 관련된 내용이다. ㉣ 총액제는 18세기 후반~19세기에 실시되었다.

11 [이이] ▶ ①

제시된 자료의 밑줄 친 '그'는 조선의 성리학자인 이이를 일컫는다. ① 이이는 일원론적 이기이원론을 통해 이와 기는 별개의 것이 아니라 하나로 연결되어 있다고 주장하였다.

오답해설 ② 남명 조식에 대한 설명이다. ③ 이황의 사상적 특징에 대한 설명이다. ④ 조광조 등에 대한 설명이다.

개념정리 이황 VS 이이

이황	이이
이 ≠ 기, 4단 ≠ 7정	이 = 기, 4단 = 7정
• 이기호발설(理氣互發說) • 기뿐만 아니라 이도 발동한다.	• 기발이승일도설(氣發理乘一途說) • 발하는 것은 기뿐이다.
사단칠정론: 사단과 칠정은 별개	사단칠정론: 칠정이 사단을 포함
근본주의적이고 이상주의적	현실적이고 개혁적
『성학십도』, 『주자서절요』, 『전습록변』	『성학집요』, 『동호문답』, 『격몽요결』
영남학파: 유성룡, 김성일 등	기호학파: 김장생, 송시열 등
예안 향약(안동)	해주 향약(해주), 서원 향약(청주)

12 [세종] ▶ ④

제시된 자료는 『세종실록』의 기록으로, 세종 말년에 국가의 중한 일 외의 서무는 세자(문종)가 대신 처리하게 한 내용이다. ④ 잡색군은 세종 때 지역 수비를 보완하기 위해 만든 일종의 예비군이다.

오답해설 ① 태종(이방원)은 공신이나 왕족이 소유한 사병을 없애고, 병권을 왕에게 집중시켰다. ② 조선 세조 때의 군제 개편에 대한 설명이다. ③ 조선 성종 때의 편찬 사업에 대한 설명이다.

13 [고려의 대외 관계(여진)] ▶ ③

제시된 자료는 고려 인종 때 금나라(여진)의 사대 요구 수용과 관련된 내용이다. ③ 윤관은 별무반을 이끌고 여진 정벌을 단행하여 동북 지방 일대에 9성을 쌓았다.

오답해설 ① 거란과 홍건적에 대한 설명이다. ② 거란은 강조의 정변을 빌미로 고려를 재차 침입하였다. ④ 몽골의 2차 침입 때의 일이다.

14 [광종] ▶ ①

제시된 자료는 광종 때 후주 출신의 관리인 쌍기를 중용한 것과 관련된 내용이다. ① 고려 성종 때 신분 질서 확립을 위해 노비환천법을 실시하였다.

오답해설 ② 광종은 광덕, 준풍 등의 독자적인 연호를 사용하였다. ③④ 광종 때 실시한 정책들이다.

15 [고려의 경제] ▶ ③

제시된 자료는 고려의 수공업에 대해 서술한 것이다. ③ 고려는 송나라에서 왕실과 귀족의 수요품인 비단, 서적 등을 수입하였다.

오답해설 ① 발해의 대외 무역에 대한 설명이다. ② 통일 신라의 경제 상황에 대한 설명이다. ④ 조선 후기에 국경 지대에서 공적으로 허용된 개시 무역과 사적인 무역인 후시 무역이 이루어졌다.

16 [태종 무열왕(김춘추)] ▶ ④

제시된 자료는 김춘추의 외교 활동과 관련된 내용이다. ④ 무열왕이 아니라 문무왕 때의 일이다. 663년 당나라는 신라에 계림 도독부를 설치하고 문무왕을 계림주 대도독으로 임명하였다.

오답해설 ①③ 김춘추에 대한 설명이다. ② 선덕 여왕 때 김춘추는 고구려에 가서 보장왕에게 군사를 요청했으나 성사되지는 않았다.

17 [삼국의 발전 과정] ▶ ③

제시된 자료의 (가)는 고구려 태조왕(53~146) 때의 왕위 세습에 대한 내용이다. (나)는 고구려 광개토 대왕이 400년 5만의 군대를 보내 금관가야에게 큰 타격을 입힌 내용이다. ③ 6세기 백제 무령왕·성왕 때의 외교 관계에 대한 설명이다.

오답해설 ① 4세기 고구려 미천왕은 낙랑군과 대방군을 점령하였다. ② 4세기 백제 근초고왕의 업적이다. ④ 신라는 3대 유리 이사금(24~57)부터 13대 미추 이사금(262~284)까지 박·석·김 3성의 유력자 중에서 연장자가 왕위를 차지하였다.

18 [진성 여왕] ▶ ①

제시된 자료는 진성 여왕 때 일어난 적고적의 난과 관련된 내용이다. ① 진성 여왕 때 향가 모음집인 『삼대목』이 편찬되었다.

오답해설 ② 7세기 선덕 여왕 때의 일이다. ③ 8세기 후반인 785년 선덕왕이 자식없이 죽자, 내물왕계인 김경신과 무열왕계인 김주원이 왕위를 놓고 다투었다. ④ 신라 하대인 9세기 문성왕 때의 일이다.

19 [원효] ▶ ③

제시된 자료는 신라 승려인 원효의 활동을 서술한 것이다. ③ 원효는 극락에 가고자 하는 아미타 신앙(정토종)을 자신이 직접 전도하였다.

오답해설 ① 백제 유민 출신 승려인 진표에 대한 설명이다. ② 자장에 대한 설명이다. ④ 의상 등에 대한 설명이다. 원효는 당나라에 유학을 가지 않았다.

20 [옥저] ▶ ④

제시된 자료는 옥저의 가족 공동묘에 대한 내용이다. ④ 옥저와 동예는 고구려에 복속되어 각종 특산물을 공물로 바쳤다.

오답해설 ① 삼한에 대한 설명이다. ② 10월에 제천 행사를 개최한 나라로는 고구려, 동예, 삼한 등이 있다. ③ 부여의 정치 체제에 대한 설명이다.

한국사 정답 및 해설

구분	정치	경제	사회	문화
선사	1			
고대	2, 3, 4			6
중세	7, 8, 9			5
근세	11, 12			
근대 태동기	10			
근대 개항기	13, 16			14
일제 강점기	15, 18, 19			
현대	17, 20			

⊘ 제3회 모의고사 정답

01	③	02	①	03	②	04	②	05	③
06	②	07	④	08	③	09	①	10	②
11	③	12	②	13	③	14	②	15	④
16	③	17	①	18	②	19	①	20	②

01 [삼한] ▶③

제시된 자료는 삼한에 대한 내용이다. ③ 삼한에는 군장의 세력이 미치지 못하는 소도라는 신성 지역이 있었다.

오답해설 ① 고구려, ② 부여, ④ 동예에 대한 설명이다.

개념정리 여러 나라의 성장

구분	부여	고구려	옥저	동예	삼한
위치	만주 송화강	압록강 졸본	함흥평야	강원도(원산만)	한강 이남(진의 성장)
국가	• 연맹 왕국(5부족) • 왕: 지배자 × → 대표자 ○	연맹 왕국	군장 국가: 왕 없음.		• 마한 54 • 변한 12 • 진한 12
정치	• 가(加): 사출도 • 대사자, 사자	• 대가(상가, 고추가) • 사자, 조의, 선인	읍군, 삼로, 후		목지국왕(삼한 대표)
경제	• 반농반목 • 말, 주옥, 모피	• 졸본: 산악 지방 • 약탈 경제(부경)	• 토지 비옥 • 소금, 해산물	• 방직 기술 발달 • 단궁, 과하마, 반어피	• 벼농사 발달 ① 저수지 축조 多 ② 두레 ③ 제천 행사×2회 • 철 多: 변한 → 가야
제천 행사	영고(12월) → 수렵 사회 전통	• 동맹(10월) • 국동대혈	없음.	무천(10월)	수릿날(5월), 계절제(10월)
풍습	• 순장, 흰옷, 형사취수제 • 4조목의 법: 1책 12법	• 서옥제 • 형사취수제 • 1책 12법	• 민며느리제 • 가족 공동묘	족외혼, 책화 → 씨족 사회 풍습 ∴ 폐쇄적 지형	• 소도(별읍): 천군, 제정 분리 • 군장: 신지, 읍차

02 [소수림왕] ▶①

제시된 내용은 고구려 소수림왕 때 중국으로부터 불교가 전래되는 모습이다. ① 소수림왕은 율령을 반포하여 국가 체제를 정비하였다.

오답해설 ② 백제 근초고왕의 업적이다. ③ 고구려 장수왕 때의 일이다. ④ 신라 진흥왕과 발해 문왕에 대한 설명이다.

03 [신라 하대의 상황] ▶②

제시된 자료의 (가)는 혜공왕 때 일어난 대공의 난, 96각간의 난(768)과 관련된 내용이고, (나)는 헌덕왕 때인 822년에 일어난 김헌창의 난에 대한 내용이다. ② 독서삼품과는 원성왕 때인 788년에 실시되었다.

오답해설 ① 6세기 법흥왕 때의 일이다. ③ 신문왕 때인 681년 김흠돌의 난을 진압하였다. ④ 원종과 애노의 난은 진성 여왕 때인 889년에 일어났다.

04 [무령왕] ▶②

제시된 자료의 밑줄 친 '왕'은 무령왕이다. ② 무령왕 때 22담로를 지방에 설치하고 왕족을 파견하였다.

오답해설 ① 문주왕 때의 일이다. ③ 성왕에 대한 설명이다. ④ 근초고왕 때의 일이다.

05 [『삼국유사』] ▶③

제시된 자료는 일연의 『삼국유사』 기이편 서문이다. ③ 『삼국유사』는 고조선 계승 의식에 입각해 단군 신화를 수록하고 단군을 민족의 시조로 인식하였다.

오답해설 ① 각훈의 『해동고승전』에 대한 설명이다. ② 이규보의 『동명왕편』에 대한 설명이다. ④ 김부식이 편찬한 『삼국사기』에 대한 설명이다.

06 [돌무지덧널무덤] ▶②

② 돌무지덧널무덤은 나무로 관을 짜고 그 위에 돌을 얹은 것으로, 구조적 원인으로 인해 도굴이 어려워 부장품이 많이 남아 있다.

오답해설 ① 백제의 벽돌무덤 등에 대한 설명이다. ③ 통일 신라의 굴식 돌방무덤에 대한 설명이다. ④ 백제의 석촌동 고분에 대한 설명이다.

07 [고려 성종] ▶④

제시된 자료는 최승로가 성종에게 올린 시무 28조의 내용이다. ④ 성종 때는 불교 행사가 억제되어 연등회, 팔관회가 폐지되었다.

오답해설 ① 성종 때 우리나라 최초의 화폐인 건원중보가 제작되었다. ② 성종은 유학 교육의 진흥을 위해 국자감을 정비하였다. ③ 성종은 당의 제도를 모방하여 2성 6부제의 중앙 관제를 정비하였다.

08 [고려의 지방 행정 제도] ▶③

③ 고려 시대에는 지방 향리의 자제를 기인으로 임명하여 궁중의 잡역을 담당하게 하는 기인 제도를 실시하였다. 상수리 제도는 통일 신라 때의 제도로, 지방 귀족을 견제하기 위하여 이들을 인질의 형태로 상경시켜 관부의 일을 맡아보게 한 제도이다.

오답해설 ①②④ 고려 시대의 지방 행정 제도에 대한 설명이다.

09 [이자겸의 난] ▶①

제시된 자료는 인종 때인 1126년에 일어난 이자겸의 난에 대한 내용이다. ① 이자겸의 난은 문벌 귀족 사회의 붕괴를 촉진하는 계기가 되었다.

오답해설 ② 목종 때 일어난 강조의 정변에 대한 설명이다. ③ 1170년 의종 때 일어난 무신 정변에 대한 설명이다. ④ 인종 때 일어난 묘청의 서경 천도 운동에 대한 설명이다.

10 [영조] ▶②

제시된 자료는 영조대왕 시책문이다. ② 영조는 서원을 붕당의 근거지로 여겨 대폭 정리하였다. 이는 붕당의 기반 약화를 목적으로 한 정책이었다.

오답해설 ①③ 정조에 대한 설명이다. ④ 숙종에 대한 설명이다.

11 [태종] ▶③

제시된 자료의 밑줄 친 '그'는 조선 태종이다. ③ 태종은 호패법을 실시하여 전국의 인구 동태를 파악하였으며, 이를 조세 징수와 군역 부과에 활용하였다.

오답해설 ① 조선 태조 때의 군제 개편에 대한 설명이다. ② 조선 세종의 업적이다. ④ 조선 성종 때의 일이다.

12 [17세기의 정치 상황] ▶②

ⓛ 인조반정은 1623년 서인들이 광해군을 폐위시키고 인조를 왕으로 올린 사건이다. ⓒ 이괄의 난은 인조 때인 1624년에 평안 병사 이괄이 인조반정의 논공행상에 불만을 품고 반란을 일으킨 사건이다. ㉠ 정묘호란은 인조 때인 1627년에 후금이 침입하여 일어난 전란이다. ㉣ 효종 때의 일이다.

13 [갑신정변] ▶ ③

제시된 자료는 갑신정변의 과정을 서술한 내용이다. ③ 갑신정변의 결과, 일본의 강요로 배상금 지불과 공사관 신축비 부담을 내용으로 하는 한성 조약이 체결되었다.

오답해설 ① 1894년 1차 갑오개혁 때의 일이다. ② 1898년 관민 공동회에서 의회식 중추원 관제를 결의하였다. ④ 1882년 임오군란 때의 일이다.

14 [근대 문물의 수용] ▶ ②

② 미국인 선교사 알렌의 건의에 따라 서양식 병원인 광혜원이 1885년에 설립되었다.

오답해설 ① 1886년의 일이다. ③ 한성순보는 1883년에 창간되어 1884년 갑신정변 발발로 중단되기 전까지 발행되었다. ④ 1899년의 일이다.

15 [임시 정부] ▶ ④

제시된 자료는 3·1 운동에 대한 내용으로, 밑줄 친 '이 단체'는 임시 정부이다. 3·1 운동을 계기로 독립운동을 조직적으로 전개할 정부의 필요성에 대해 공감대가 형성되었고, 이 결과 1919년 9월 상하이에 대한민국 임시 정부가 성립되었다. ④ 신민회에 대한 설명이다.

오답해설 ① 임시 정부의 활동에 대한 설명이다. ② 임시 정부의 초대 대통령은 이승만이고, 이승만이 탄핵된 뒤에 박은식이 2대 대통령을 역임하였다. ③ 임시 정부에 대한 설명이다.

16 [근대의 정치 상황] ▶ ③

(가)는 1895년 을미사변에 대한 내용이고, (나)는 1904년 러·일 전쟁 발발에 대한 내용이다. ③ 1894년 1차 갑오개혁에 대한 설명이다.

오답해설 ① 1899년 대한 제국 때의 일이다. ② 대한 제국은 1898년에 양지아문을, 1901년에 지계아문을 설치하였다. ④ 을미사변 이후 추진된 을미개혁의 내용이다.

17 [이승만] ▶ ①

제시된 자료는 이승만이 남한만의 단독 정부 수립의 필요성을 주장한 이른바 '정읍 발언'의 내용이다. ① 이승만은 임시 정부의 초대 대통령으로 활동하였다.

오답해설 ② 안창호 등에 대한 설명이다. ③ 김구에 대한 설명이다. ④ 김구와 김규식 등에 대한 설명이다.

18 [의열단] ▶ ②

제시된 자료는 신채호의 '조선 혁명 선언'으로 의열단의 활동 지침이었다. ② 의열단을 중심으로 민족 혁명당을 결성하였다.

오답해설 ①③ 한인 애국단에 대한 설명이다. ④ 신민회 등에 대한 설명이다.

19 [일제의 교육 정책] ▶ ①

중·일 전쟁은 1937년에 발발하였다. ㉠ 1941년의 일이다. ㉢ 1938년에 제정된 3차 조선 교육령의 내용이다.

오답해설 ㉡ 일제는 1918년 서당 규칙을 만들어 민족 교육을 탄압하였다. ㉣ 1922년에 제정된 2차 조선 교육령의 내용이다.

개념정리 조선 교육령

1차 조선 교육령 (1911)	• 목적: 시대의 추세와 국민 수준에 맞는 교육, 천황에 대한 충성심 배양 • 보통학교 4년(수업 연한 단축), 소학교 6년(6·4제) • 보통교육과 실업교육 치중, 일본어 교육 강화, 한국 역사·지리 과목 폐지 • 민족 교육 탄압: 사립 학교와 서당에 대한 통제 강화
2차 조선 교육령 (1922)	• 보통학교의 수업 연한 연장(4년 → 6년) • 3면 1교 주의(학교 수↑), 조선어(필수 과목), 대학 설립 허용 • 경성 제국 대학 설치(1924): 민립 대학 설립 운동 무마 목적
3차 조선 교육령 (1938)	• 3대 교육 강령: 국체명징, 내선일체, 인고단련 • 학제상 조선인·일본인 차별 철폐: 일본과 동일한 학교 명칭과 교육 과정 • 조선어(선택 과목 = 수의 과목) → 실제 선택하는 경우는 별로 없어 사실상 폐지
국민학교령 (1941)	심상소학교의 명칭을 국민학교(황국신민의 학교)로 개칭
4차 조선 교육령 (1943)	• 전시 동원 체제: 황국 신민화 교육 강화, 학생들까지 전쟁에 동원 • 조선어 과목과 조선어 교육 폐지

20 [6월 민주 항쟁] ▶ ②

제시된 자료는 6월 민주 항쟁에 대한 내용이다. ② 1987년 6월 민주화 운동을 하나의 흐름으로 결집시키고자 야당과 재야 민주 세력이 합심하여 민주 헌법 쟁취 국민운동 본부를 결성하고, 국민 대회 개최를 주도하였다.

오답해설 ① 1960년 4·19 혁명과 관련된 내용이다. ③ 1976년 재야인사들은 긴급 조치 철폐와 박정희 정권의 퇴진을 주장하는 3·1 민주 구국 선언을 발표하였다. ④ 1980년 5·18 광주 민주화 운동에 대한 설명이다.

한국사 정답 및 해설

4회차 문항분석표

구분	정치	경제	사회	문화
선사	1			
고대	3, 6, 10	2		
중세	4, 7			5
근세	11, 12			9
근대 태동기	8			
근대 개항기	14, 15			
일제 강점기	16, 17, 18			13
현대	19, 20			

✅ 제4회 모의고사 정답

01 ①	02 ④	03 ③	04 ④	05 ③
06 ①	07 ③	08 ③	09 ④	10 ④
11 ②	12 ④	13 ③	14 ③	15 ③
16 ①	17 ②	18 ②	19 ④	20 ②

01 [청동기 시대] ▶ ①

제시된 자료는 청동기 시대의 농업에 대한 내용이다. ① 청동기 시대에 들어와 일부 저습지에서 벼농사를 지었다.

오답해설 ② 초기 철기 시대에 대한 설명이다. ③ 구석기와 신석기 시대에 대한 설명이다. 청동기 시대에 들어와 빈부 차이와 계급이 발생하였다. ④ 청동기 시대에는 청동기로 만든 농기구가 없었다. 여전히 석기가 농기구로 사용되었다.

개념정리 선사 시대

구분	구석기	신석기	청동기
도구	뗀석기, 뼈도구 등	• 간석기 • 가락바퀴, 뼈바늘 • 토기(빗살무늬 토기)	• 간석기(반달 돌칼 등) • 청동제 무기·장신구 사용 (비파형 동검 등) • 토기(미송리식 토기, 민무늬 토기)
경제	• 어로, 사냥, 채집 생활 • 이동 생활	• 원시 농경 시작 • 정착 생활 시작	• 농경 발달(사유 재산 등장) • 벼농사 시작
사회	평등 사회	• 평등 사회 • 씨족 중심의 부족 사회 • 족외혼(폐쇄적)	계급과 지배자(군장) 등장
주거	동굴, 바위그늘, 막집	• 강가, 바닷가에 위치 • 움집: 반지하, 원형·장방형, 원형의 화덕(중앙)	• 야산·구릉 등에 위치(배산임수) • 움집: 지상 가옥화, 직사각형, 화덕(벽)
신앙	주술적	원시 신앙(애니미즘·토테미즘·샤머니즘)	선민 사상(정복 전쟁에 이용)
주요 유적지	• 연천 전곡리 • 공주 석장리	• 서울 암사동 • 황해 봉산 지탑리	• 부여 송국리 • 여주 흔암리

02 [민정 문서] ▶ ④

제시된 자료는 민정 문서에 기록된 내용이다. ④ 민정 문서에서 사람은 남녀별로 구분하고, 16세에서 60세 남자의 연령을 기준으로 삼아 6등급으로 구분하여 기록하였다.

오답해설 ①② 민정 문서에 대한 내용이다. ③ 민정 문서에는 각 촌락의 둘레, 호구의 수, 토지의 종류와 면적 등을 기록하였다.

03 [연개소문] ▶ ③

제시된 자료의 (가)는 연개소문을 일컫는다. ③ 642년 연개소문은 정변을 일으켜 영류왕과 반대파를 제거하고, 보장왕을 왕으로 세웠다.

오답해설 ① 김유신에 대한 설명이다. ② 을지문덕에 대한 설명이다. ④ 진흥왕 때 활약한 이사부에 대한 설명이다.

04 [고려 태조] ▶ ④

제시된 자료는 고려 태조(왕건)가 예산진에 행차하여 발표한 조서의 내용이다. 민심을 위로하고, 지배층의 도덕적 통치를 권장하는 내용을 담고 있다. ④ 고려 태조는 적극적으로 북진 정책을 추진하여 청천강에서 영흥 지방까지 영토를 넓힐 수 있었다.

오답해설 ① 광종의 업적이다. ② 2대 국왕인 혜종 때의 일이다. ③ 3대 국왕인 정종 때의 일이다.

05 [의천] ▶ ③

제시된 자료는 고려 승려인 의천의 활동을 서술한 것이다. ③ 의천은 원효의 화쟁 사상을 토대로 불교 사상을 통합하려 하였다.

오답해설 ① 요세에 대한 설명이다. ② 광종 때 활동한 의통과 제관에 대한 설명이다. ④ 지눌에 대한 설명이다.

06 [경덕왕] ▶ ①

제시된 자료는 경덕왕의 왕위 계승 과정과 정책들을 간략히 정리한 것이다. ① 신라 성덕왕의 업적이다.

오답해설 ②③ 경덕왕의 업적이다. ④ 경덕왕의 재위 기간은 742년부터 765년까지로, 경덕왕의 재위 기간에 발해는 문왕이 재위하고 있었다(737~793). 문왕은 대흥이라는 연호를 사용하였다.

07 [고려의 대외 관계(몽골)] ▶ ③

제시된 자료는 몽골의 1차 침입 때 충주성 전투에 대한 내용이다. ③ 몽골의 2차 침입 때 처인성(용인) 전투에서 김윤후가 이끄는 민병과 승군에 의해 몽골군 총사령관 살리타가 사살되었다.

오답해설 ① 왜구, ② 거란, ④ 여진에 관한 내용이다.

08 [조선 숙종] ▶ ③

제시된 자료는 허견(남인의 영수인 허적의 아들)에 대한 역모 고발 사건과 관련된 내용으로, 이를 빌미로 경신환국이 발발하였다. ③ 경신환국의 결과, 허적과 윤휴 등 남인들이 대거 정계에서 축출되고 서인 정권이 수립되었다.

오답해설 ① 명종 때 일어난 을사사화에 대한 설명이다. ② 숙종 때 일어난 기사환국에 대한 설명이다. ④ 연산군 때 일어난 갑자사화에 대한 설명이다.

09 [세종 때 편찬 사업] ▶ ④

제시된 자료는 세종 때 일본과 체결한 계해약조의 내용이다. ④ 『신찬팔도지리지』는 세종 때 제작되었다. 각 도별로 지리지를 편찬했으나 현존하지는 않는다.

오답해설 ① 『이륜행실도』는 중종 때 편찬되었다. ② 『해동제국기』는 신숙주가 조선 성종 때 완성한 견문록이다. ③ 『동국여지승람』은 조선 성종 때 노사신 등이 편찬한 지리지이다.

10 [고대의 통치 제도] ▶ ④

제시된 자료는 고대의 무역 활동을 정리한 것으로 (가)는 고구려, (나)는 백제, (다)는 신라를 일컫는다. ④ 신라의 군사 제도에 대한 설명이다.

오답해설 ① 신라의 관등제에 대한 설명이다. ② 고구려에 대한 설명이다. ③ 고려의 지방 제도에 대한 설명이다.

11 [임진왜란] ▶ ②

평양성 탈환은 1593년 1월의 일이고, 왜군이 다시 전쟁을 일으킨 정유재란은 1597년 1월의 일이다. ② 정유재란이 발발한 이후인 1597년 7월 삼도수군통제사 원균이 이끄는 수군은 칠천량에서 일본에 대패하였다.

오답해설 ① 훈련도감이 설치된 것은 휴전 회담 기간 중인 1594년의 일이다. ③ 국왕 일행의 한성 복귀는 1593년 10월 무렵의 일이다. ④ 평양성 탈환 직후인 1593년 2월 행주산성 전투에 대한 설명이다.

12 [근세의 통치 체제] ▶④

제시된 자료의 (가)는 승정원을, (나)는 경재소를 일컫는다. ④ 경재소는 중앙 정부가 현직 관료로 하여금 연고지의 유향소를 통제하게 하는 제도로서, 중앙과 지방의 연락 업무를 맡았다.

오답해설 ① 의정부, ② 유향소, ③ 사간원과 사헌부에 대한 설명이다.

13 [신채호] ▶③

제시된 자료는 신채호가 쓴 『조선사연구초』에 실린 글 중 '조선 역사상 일천년래 제일대사건'의 내용이다. ③ 신채호는 『조선상고사』를 저술하여 단군부터 삼국 시대까지의 역사를 정리하였다.

오답해설 ① 장지연, ② 박은식, ④ 박은식·정인보 등에 대한 설명이다.

14 [근대의 정치 상황] ▶③

ⓒ 1860년대의 위정척사 운동에 대한 설명이다. ② 1873년 흥선 대원군이 하야하였다. ⓛ 1880년의 일이다. ⓖ 1881년 이만손 등은 영남 만인소를 올려 정부의 개화 정책과 『조선책략』 유포 등을 비판하였다.

15 [조·미 수호 통상 조약과 육영 공원] ▶③

③ 1883년 서울에 세워진 동문학에 대한 설명이다. 육영 공원은 상류층 자제들에게 근대 학문을 가르친 교육 기관이다.

오답해설 ① 조·미 수호 통상 조약은 최초로 최혜국 대우를 규정한 불평등 조약이었다. ② 조·미 수호 통상 조약은 청나라의 주선으로 체결되었다. ④ 육영 공원에서는 헐버트, 길모어 등 미국인 교사를 초빙하여 영어·수학 등 근대적 학문을 가르쳤다.

16 [중·일 전쟁 이후 일제의 정책] ▶①

제시된 자료는 중·일 전쟁(1937) 이후 일제가 실시한 정책들을 정리한 내용이다. ① 일제는 1943년부터 학도 지원병제를 시행하였다.

오답해설 ② 1919년 3·1 운동을 계기로 헌병 경찰 제도가 폐지되었다. ③ 1912년의 일이다. ④ 1910년에 제정되어 1920년에 폐지된 회사령의 내용이다.

17 [이상설] ▶②

1907년 헤이그에 특사로 파견된 인물로는 이상설, 이위종, 이준 등이 있다. ② 1914년 이상설은 연해주에서 수립된 대한 광복군 정부의 대통령으로 선출되었다.

오답해설 ① 안창호에 대한 설명이다. ③ 박용만에 대한 설명이다. ④ 1908년 장인환, 전명운은 당시 일본의 침략 행위를 찬양하던 스티븐스를 샌프란시스코에서 저격하였다.

18 [신간회] ▶②

제시된 자료는 1927년에 조직된 신간회의 구성에 대해 서술한 내용이다. ② 신간회는 창립 대회를 열어 회장에 이상재, 부회장에 홍명희를 선출하였다.

오답해설 ① 광복 직후에 조직된 조선 건국 준비 위원회에 대한 설명이다. ③ 신민회에 대한 설명이다. ④ 1920년대에 전개된 자치 운동에 대한 설명이다. 신간회는 자치 운동을 비판하던 이상재, 안재홍 등 비타협적 민족주의 세력이 사회주의 세력과 연대하여 조직한 단체이다.

개념정리 신간회

조직	• 비타협적 민족주의 세력과 사회주의 세력의 연대 • 창립 대회를 열어 회장에 이상재, 부회장에 홍명희를 선출
강령	• 정치·경제적 각성을 촉구함. • 단결을 공고히 함. • 기회주의를 일체 부인함.
활동	• 일제 강점기 최대 규모의 합법적 민족 운동 단체로 성장: 140여 개의 지회 조직, 4만여 명의 회원 확보 • 민중 계몽, 민족 의식 고취: 강연회 개최, 야학 참여 등 • 각종 사회 운동 지원: 광주 학생 항일 운동 지원, 원산 노동자 총파업 지원, 갑산 화전민 추방에 대한 항의 운동 지원, 단천 산림 조합 시행령 반대 운동 지원 등
해체	• 원인: 일제의 탄압 강화, 신간회 내부 갈등, 코민테른의 노선 변경 • 사회주의 계열에서 해소론 제기 → 비타협적 민족주의 세력의 반대 → 1931년 신간회 해소안 가결

19 [4·19 혁명] ▶④

제시된 자료는 4·19 혁명의 계기가 된 3·15 부정 선거에 대해 서술한 것이다. ④ 1987년 6월 민주 항쟁의 결과, 전두환 정부에서 발표한 6·29 민주화 선언에 대한 설명이다.

오답해설 ①② 4·19 혁명의 결과에 대한 설명이다. ③ 4·19 혁명은 김주열의 죽음을 계기로 전국으로 확대되는 양상을 보였다.

20 [정부 수립 과정] ▶②

ⓒ 1945년 8월의 일이다. ② 1945년 9월 태평양 방면 미 육군 총사령관 맥아더가 포고령 1호를 발표하였다. ⓛ 1945년 10월 독립 촉성 중앙 협의회가 조직되었다. ⓖ 1945년 12월에 열린 모스크바 3국 외상 회의에 대한 설명이다.

한국사 정답 및 해설

5회차 문항분석표

구분	정치	경제	사회	문화
선사	16			
고대	15, 20			
중세	14	5	1	
근세	12			11
근대 태동기	6, 13		9	4
근대 개항기	2, 3, 7, 17, 18			
일제 강점기	8, 10			
현대	19			

✓ 제5회 모의고사 정답

01 ①	02 ②	03 ①	04 ①	05 ③
06 ①	07 ④	08 ③	09 ①	10 ①
11 ②	12 ④	13 ①	14 ③	15 ①
16 ②	17 ③	18 ③	19 ③	20 ①

01 [망이 · 망소이의 난] ▶ ①

제시된 자료는 정중부 집권 시기에 공주 명학소에서 일어난 망이 · 망소이의 난과 관련된 내용이다. ① 망이 · 망소이의 난은 특수 행정 구역인 소(명학소)에서 일어난 민란이다. 무신 정권은 명학소를 충순현으로 승격시켜 무마하였으나 봉기가 계속되자 군대를 보내 토벌하였다.

오답해설 ② 만적의 난에 대한 설명이다. ③ 신라 부흥을 표방한 민란으로는 김사미와 효심의 난, 이비와 패좌의 난 등이 있다. ④ 조위총의 난에 대한 설명이다.

02 [보빙사] ▶ ②

(가)는 1883년 미국에 파견된 사절단인 보빙사를 일컫는다. ② 보빙사는 전권 대사인 민영익과 홍영식, 서광범, 유길준 등으로 구성되었다.

오답해설 ① 별기군은 보빙사 파견 이전인 1881년에 설치되었다. ③ 2차 수신사로 일본에 파견된 김홍집에 대한 설명이다. ④ 1881년 청나라에 파견된 영선사에 대한 설명이다.

03 [을사늑약] ▶ ①

제시된 자료는 1905년에 체결된 을사늑약에 대한 내용이다. ① 을사늑약으로 대한 제국은 외교권을 일본에 빼앗겼으며, 이에 따라 한성에 있던 각국 공사관들이 폐쇄되었다.

오답해설 ②④ 1907년에 체결된 정미 7조약(한 · 일 신협약), ③ 1904년에 체결된 1차 한 · 일 협약에 대한 설명이다.

04 [박제가] ▶ ①

제시된 자료는 박제가가 주장한 상공업 진흥책의 내용이다. ① 박제가는 채제공을 따라 연행사의 일원으로 청나라에 다녀왔다.

오답해설 ② 김육에 대한 설명이다. ③ 박지원에 대한 설명이다. ④ 홍대용은 『임하경륜』에서 성인 남자들에게 2결의 토지를 나누어 줄 것을 제안하였다.

05 [고려의 전시과 제도] ▶ ③

제시된 자료의 (가)는 경종 때의 시정 전시과에 대해, (나)는 문종 때의 경정 전시과에 대해 서술한 것이다. ③ 목종 때의 개정 전시과에 대한 설명이다. 개정 전시과에서 18과에 들지 못한 자들은 한외과로 분류하여 전지 17결을 주었다.

오답해설 ①② 시정 전시과, ④ 경정 전시과에 대한 설명이다.

06 [순조] ▶ ①

황사영 백서 사건은 순조 때 일어난 신유박해의 전말을 알리고, 프랑스 선교사에서 함대를 보내달라고 요청했다가 발각된 사건이다. ① 정조 때의 문체반정 정책에 대한 설명이다.

오답해설 ②③ 순조 때의 정치 상황에 대한 설명이다. ④ 순조 때 공노비를 해방시켰다.

07 [황국 중앙 총상회] ▶ ④

④ 제시된 자료는 1898년에 조직된 황국 중앙 총상회와 관련된 내용이다. 황국 중앙 총상회는 시전 상인들이 조직한 단체로, 외국 상인의 침투에 대항하였다.

오답해설 ① 대한 제국은 보부상을 지원하기 위해 상무사를 조직하여 상업 특권을 부여하였다. ② 대동 상회는 1880년대에 평양 상인들이 만든 상회사이다. ③ 독립협회는 서재필 등이 조직한 단체로, 민중을 계몽하고 이권 수호 운동을 전개하였다.

08 [무장 독립 투쟁] ▶ ③

제시된 자료는 1929년에 일어난 원산 총파업 과정을 서술한 내용이다. ③ 양세봉이 이끄는 조선 혁명군은 1933년 흥경성 전투에서 일본군에 맞서 승리를 거두었다.

오답해설 ① 1920년 북만주 밀산부에서 독립군 부대들이 연합하여 대한 독립군단을 조직하였다. ② 1926년의 일이다. ④ 1920년 청산리 대첩 때의 일이다.

09 [중인] ▶ ①

제시된 자료의 밑줄 친 '의관, 역관 무리'는 중인 계층을 일컫는다. ① 중인은 직역을 세습하고, 같은 신분끼리 혼인하였다.

오답해설 ② 양반, ③ 상민(평민 · 양민), ④ 서얼에 대한 설명이다.

10 [무단 통치] ▶ ①

제시된 자료는 1910년대 무단 통치 시기의 정책을 서술한 것이다. ① 일제는 1912년 토지 조사령을 공포하여 토지 조사 사업을 추진하였다.

오답해설 ② 1938년 3차 조선 교육령 발표에 따라 보통학교와 소학교는 심상소학교로 명칭이 바뀌었다. ③ 지방관이 방곡령을 선포한 것은 1880~1890년대의 일이다. ④ 1930년대 이후에 추진된 정책이다.

11 [이황] ▶ ②

제시된 자료는 이황의 사상적 특징에 대해 서술하고 있다. ② 이황의 학문은 임진왜란 이후 일본에 전해져 일본 성리학 발전에 큰 영향을 미쳤다.

오답해설 ① 이이는 『격몽요결』을 저술하여 학문을 시작하는 아동과 청소년들의 학문하는 태도를 논하였다. ③ 서경덕에 대한 설명이다. ④ 이이에 대한 설명이다.

12 [조선 성종] ▶ ④

제시된 자료는 조선 성종 때의 창경궁 건립에 대한 내용이다. ④ 성종의 인재 등용에 대한 설명이다.

오답해설 ① 세종에 대한 설명이다. ② 세조에 대한 설명이다. ③ 조선 태종의 업적이다.

13 [비변사] ▶ ①

제시된 자료는 효종 때 김익희가 올린 상소문의 내용으로, 비변사 혁파를 주장하고 있다. ① 비변사는 명종 때 을묘왜변을 계기로 상설 기구화되었다.

오답해설 ② 비변사는 중종 때 삼포왜란을 계기로 국방 문제를 전담하기 위해 설치된 임시 기구였다. ③ 비변사의 기능이 확대됨에 따라, 왕권과 의정부-6조 체제가 유명무실해졌다. ④ 비변사 회의에는 정승과 판서, 각 군영의 대장 등 당상관 이상의 고위 관리가 참여하였다.

14 [공민왕] ▶③

제시된 자료는 공민왕의 즉위 과정과 개혁 정책을 서술한 것이다. ③ 공민왕 때 유인우 등이 쌍성총관부를 공격하여 철령 이북의 땅을 수복하였다.

오답해설 ① 충선왕에 대한 설명이다. ② 충렬왕의 업적이다. ④ 고려 인종 때의 일이다.

개념정리 공민왕과 원 간섭기

왕	내용
충렬왕	• 원의 내정 간섭: 관제 격하, 왕실 호칭 격하, 원나라의 일본 원정에 동원 • 도평의사사 설치(최고 정무 기구), 전민변정도감 설치 • 영토 일부 회복: 동녕부와 탐라총관부 반환 받음. • 성리학 전래(안향이 원에서 『주자전서』를 베껴옴), 국학을 성균관으로 개칭, 섬학전 설치(양현고의 재정 보충) • 성균관에 공자 사당인 문묘를 새로 건립 • 『삼국유사』 편찬(일연), 『제왕운기』 편찬(이승휴) 등
충선왕	• 사림원 설치(왕명 출납, 국왕의 고문 역할), 소금 전매제 실시, 수력력 채용 • 왕위를 아들에게 물려준 후 원나라 수도인 연경에 만권당 설치(이제현)
충목왕	정치도감(정리도감) 설치
공민왕	전반기 개혁 · 기철 등 친원파 숙청, 원나라 연호와 원나라 풍습 폐지, 관제 복구 · 정동행성 이문소 폐지, 쌍성총관부 회복(철령 이북 땅 되찾음) 홍건적의 2차례 침입 → 2차 침입 때 공민왕 피난(안동) → 흥왕사의 변 후반기 개혁 · 전민변정도감 설치(신돈 등용) → 권문세족 경제 기반 약화, 국가의 재정 수입 확대 · 성균관을 순수 유학 기관으로 개편
우왕	• 왜구 격퇴(홍산 · 진포 · 황산 · 관음포 대첩), 화통도감 설치(최무선) • 『직지심체요절』을 금속 활자로 간행(청주 흥덕사) • 명나라, 철령 이북의 땅 요구(철령위 설치) → 최영 주도로 요동 정벌 추진(이성계의 위화도 회군으로 무산)

15 [남북국 시대의 정치 상황] ▶①

㉠ 신문왕 때인 681년의 일이다. ㉣ 발해 고왕(대조영) 때의 일로, 재위 기간은 698년부터 719년까지이다. ㉡ 8세기 발해 문왕 때의 일로, 재위 기간은 737년부터 793년까지이다. ㉢ 9세기 헌덕왕 때인 822년 웅천주 도독인 김헌창이 아버지 김주원이 왕위 계승 다툼에서 패한 것에 불만을 품고 반란을 일으켰다. 이 시기 발해의 국왕은 선왕이었다.

16 [부여] ▶②

제시된 자료는 『삼국지』 위서 동이전에 기록된 부여에 대한 내용이다. ② 부여는 3세기 말에 선비족의 침략으로 한때 수도가 함락되기도 하였다.

오답해설 ① 고구려, ③ 고조선, ④ 옥저에 대한 설명이다.

17 [근대의 개혁안] ▶③

(나) 1차 갑오개혁 때 실시된 경제 정책이다. (다) 2차 갑오개혁 때의 일이다. (가) 을미개혁 때의 일이다. (라) 광무개혁 때 추진된 군제 개혁에 대한 설명이다.

18 [1차 동학 농민 봉기] ▶③

제시된 자료는 황현의 『매천야록』에 기록된 것으로, 1차 동학 농민 봉기의 배경에 대해 설명하고 있다. ③ 1894년 3월 이용태의 행위에 분개한 전봉준은 손화중과 함께 전라도 무장에서 봉기하였다(무장 봉기).

오답해설 ① 동학 농민 운동이 진압된 이후, 잔여 세력들은 영학당 · 활빈당 등의 무장 조직을 결성했으며, 의병에 가담하였다. ② 1895년 을미의병 때의 일이다. ④ 1893년 보은 집회에 대한 설명이다.

19 [이승만 정부] ▶③

제시된 자료의 밑줄 친 '이 사건'은 이승만 정부 때인 1958년에 일어난 진보당 사건을 일컫는다. ③ 박정희 군정 시기인 1961년에 중앙정보부를 설치하였다.

오답해설 ① 자유당은 1951년 12월에 창당되었다. ② 1954년에 통과된 사사오입 개헌안에 대한 설명이다. ④ 1956년에 실시된 3대 정 · 부통령 선거의 결과에 대한 설명이다.

20 [법흥왕] ▶①

제시된 자료는 6세기 법흥왕 때의 대외 정책과 상대등 설치에 대한 내용이다. 법흥왕의 재위 기간은 514년부터 540년까지이다. ① 백제 성왕 때인 538년에 대외 진출에 유리한 사비(부여)로 도읍을 옮겼다.

오답해설 ② 5세기 광개토 대왕의 정복 활동에 대한 설명이다. ③ 6세기 지증왕 때의 일이다. ④ 7세기 의자왕 때의 일이다.

개념정리 5세기~7세기 삼국의 항쟁 과정

구분	고구려	백제	신라
5세기	• 광개토 대왕 거란 · 후연 · 동부여 · 숙신 격파, 왜구 격퇴(신라 구원) 최초 연호: 영락 • 장수왕 평양 천도(427) 한성 점령(475)	• 비유왕 나 · 제 동맹(433) • 개로왕 한강 유역 상실 • 문주왕 웅진(공주) 천도 • 동성왕 신라와 결혼 동맹(493)	• 눌지왕 나 · 제 동맹(433) • 소지왕 백제와 결혼 동맹(493)
6세기	귀족 간의 권력 싸움 → 왕권 약화, 나 · 제 동맹에 한강 유역 빼앗김	• 무령왕 22담로 설치, 양나라와 교류 • 성왕 사비 천도(538), 국호: 남부여 일본에 불교 전파(노리사치계, 552) 관산성 전투에서 전사(554)	• 지증왕 신라(국호), 왕(왕호) 우산국 복속 • 법흥왕 율령 반포, 불교 공인, 금관가야 정복 연호: 건원(536) • 진흥왕 화랑도 개편, 황룡사 건립, 국사 편찬(거칠부) 한강 차지, 대가야 점령 연호(개국 · 대창 · 홍제)
7세기	• 영양왕 살수 대첩(612) • 영류왕 천리장성 축조 • 보장왕 연개소문 집권 안시성 싸움(645)	• 무왕 미륵사, 익산 천도 추진 • 의자왕 신라의 대야성 등 40여 성 공략	• 진평왕 원광(세속 5계, 걸사표) • 선덕 여왕 첨성대, 황룡사 9층 목탑 • 진덕여왕 나 · 당 동맹 • 태종 무열왕 백제 멸망 • 문무왕 고구려 멸망 삼국 통일 완성(676)

한국사 정답 및 해설

6회차 문항분석표

구분	정치	경제	사회	문화
선사	7			
고대	15, 19			13
중세	12, 18		17	20
근세	11, 14			
근대 태동기	8	10		
근대 개항기	6, 9, 16			
일제 강점기	2, 3, 4		5	
현대	1			

✔ 제6회 모의고사 정답

01 ③	02 ②	03 ①	04 ③	05 ③
06 ③	07 ③	08 ④	09 ①	10 ①
11 ②	12 ③	13 ④	14 ④	15 ④
16 ①	17 ①	18 ①	19 ④	20 ②

01 [노태우 정부] ▶ ③

제시된 자료는 노태우 정부 때의 대·내외적 변화 상황을 서술한 내용이다. ③ 노태우 정부 때인 1991년 남북한이 별개의 의석으로 유엔에 동시 가입하였다.

오답해설 ① 김대중 정부 때 IMF 관리 체제의 조기 졸업을 위해 금 모으기 운동이 일어났다. ②④ 김영삼 정부 때의 사실이다.

02 [한국 광복군] ▶ ②

제시된 자료는 1940년에 발표한 한국 광복군 선언의 내용이다. ② 한국 광복군은 미국 전략 정보국(OSS)과 협력하여 국내 진공 작전을 계획하였다.

오답해설 ① 서일이 이끈 대한 독립군단에 대한 설명이다. ③ 1930년대 만주에서 활동한 한국 독립군에 대한 설명이다. ④ 조선 의용대에 대한 설명이다.

03 [근우회] ▶ ①

제시된 자료는 근우회에서 발표한 취지문의 내용이다. ① 근우회는 1927년 조직된 항일 여성 단체로 신간회의 자매단체이다.

오답해설 ② 정우회는 1926년에 조직된 사회주의 계열의 단체이다. ③ 찬양회는 우리나라 최초의 여성 운동 단체이다. ④ 송죽회는 1910년대 평양에서 조직된 항일 비밀 여성 단체이다.

04 [일제의 정책] ▶ ③

㉣ 일제는 1932년에 농촌 진흥 운동을 시작하여 1940년까지 추진하였다. ㉠ 1938년 일제는 전쟁 협력을 위해 국민 정신 총동원 조선 연맹을 조직하였다. ㉡ 일제는 1940년부터 미곡 공출제를 실시하였다. ㉢ 일제는 1944년부터 징병제를 도입하여 절박해진 병력 부족을 해소하려고 하였다.

05 [물산 장려 운동] ▶ ③

제시된 자료는 조선 물산 장려회 궐기문의 내용이다. ③ 물산 장려 운동은 일부 사회주의자들로부터 자본가와 중산 계급이 민족이라는 이름 아래 자신들의 이익을 추구하려는 이기적인 운동이라고 비판을 받았다.

오답해설 ①② 국채 보상 운동에 대한 설명이다. ④ 1920년대에 전개된 민립 대학 설립 운동에 대한 설명이다.

06 [신민회] ▶ ③

제시된 자료는 신민회의 활동을 서술한 내용이다. ③ 신민회는 안창호, 양기탁, 이동녕, 이승훈 등을 중심으로 활동한 단체이다.

오답해설 ① 헌정 연구회 등에 대한 설명이다. 신민회는 1911년 총독부에 의해 해산당하였다. ② 1907년에 조직된 대한 협회는 점차 친일적인 단체로 변질되다가 1910년에 해체되었다. ④ 보안회에 대한 설명이다.

07 [신석기 시대] ▶ ③

제시된 자료는 신석기 시대의 사회 모습을 서술한 것이다. ③ 신석기 시대에는 혈연 중심의 씨족 사회가 구성되어 씨족 단위의 생활을 하였다.

오답해설 ① 청동기와 철기 시대에 대한 설명이다. ② 구석기 시대의 주거 생활에 대한 설명이다. ④ 청동기 시대에 대한 설명이다.

08 [조선 숙종] ▶ ④

제시된 자료는 조선 숙종 때 기사환국과 관련된 내용이다. ④ 숙종 때 상평통보를 법화로 제정하여 이를 전국적으로 유통시켰다.

오답해설 ① 순조 재위 초반의 정치 상황에 대한 설명이다. ② 영조 때의 일이다. ③ 정조 때의 정치 상황에 대한 설명이다.

개념정리 **숙종의 정책**

경신환국 (1680)	• 유악 사건, 남인 역모 사건을 계기로 남인 축출, 서인 정권 수립 • 경신환국 이후 남인에 대한 처벌을 놓고 서인은 노론과 소론으로 분열
기사환국 (1689)	희빈 장씨가 낳은 왕자를 세자(원자)로 책봉하는 것을 서인이 반대 → 서인 축출, 남인 재집권 → 인현 왕후 민씨 폐위, 희빈 장씨를 왕비로 책봉
갑술환국 (1694)	서인(노론)이 폐비 민씨(인현 왕후) 복위 운동을 전개, 이를 계기로 남인이 서인 탄압 시도, 숙종은 오히려 남인을 숙청 → 폐비 민씨 복위, 중전 장씨는 희빈 강등 → 남인 몰락, 서인 집권
대내 정책	• 금위영 설치, 대동법 전국 실시, 상평통보 법화 채택, 삼남 지방에 대한 양전 완료 • 창덕궁 안에 대보단 설치(명나라 신종 제사)
대외 정책	• 안용복 사건(울릉도가 우리 영토임을 확인) • 백두산정계비 건립(1712, 청나라와의 국경 확정)

09 [임오군란] ▶ ①

밑줄 친 '이 사건'은 1882년에 일어난 임오군란을 일컫는다. ① 임오군란 당시 군인들과 하층민들이 들고 일어나, 별기군의 일본인 교관이 살해되었고 일본 공사관도 불에 탔다.

오답해설 ② 갑신정변의 결과에 대한 설명이다. ③ 영선사 파견은 임오군란 이전인 1881년의 일이다. ④ 동학 농민 운동 시기인 1894년 5월의 일이다.

10 [조선 후기의 경제] ▶ ①

제시된 자료는 조선 후기 장시의 발달 과정에 관한 내용이다. ① 목화 재배는 고려 말 문익점이 원나라에서 목화씨를 가져온 것에서 시작되었다.

오답해설 ②③④ 조선 후기의 경제 상황에 대한 설명이다.

11 [정도전] ▶ ②

제시된 자료는 고려 후기 신진 사대부의 활동에 대한 내용으로, (가)에 들어갈 인물은 정도전이다. ② 정도전은 국왕의 자질이 한결같이 뛰어날 수 없으므로, 이를 보완할 수 있는 재상의 역할을 강조하였다.

오답해설 ① 조준에 대한 설명이다. ③ 충렬왕 때 안향은 원나라에서 『주자전서』를 필사하여 고려에 성리학을 처음 소개하였다. ④ 이색에 대한 설명이다.

12 [중방] ▶ ③

제시된 자료는 고려 시대의 중방에 대해 서술한 것이다. ③ 중방은 무신의 최고위직인 상장군·대장군의 합좌 기구이다.

오답해설 ① 도방에 대한 설명이다. ② 도병마사에 대한 설명이다. ④ 이의민을 제거하고 집권한 최충헌은 반대 세력을 숙청하기 위해 교정도감을 설치하였다. 이후 교정도감은 인사·재정 등 국가의 중요 정책을 결정·집행하는 최고 권력 기구가 되었다.

13 [의상] ▶ ④

제시된 자료는 신라 승려인 의상의 활동을 정리한 내용이다. ④ 의상은 화엄종을 개창하여 많은 제자를 양성하였고, 부석사를 비롯한 여러 사원을 건립하였다.

오답해설 ① 신라 승려인 자장에 대한 설명이다. ② 원효는 극락에 가고자 하는 아미타 신앙을 직접 전도하며 불교 대중화의 길을 열었다. ③ 신라 하대의 선종 승려에 대한 설명이다. 의상은 신라 중대에 활동했기 때문에 시기상 적절하지 못하다.

14 [병자호란] ▶ ④

제시된 자료는 인조 때인 1636년에 일어난 병자호란의 과정을 서술한 내용이다. ④ 병자호란의 결과, 소현 세자와 봉림 대군을 비롯한 주전파 신하들이 청에 인질로 끌려갔다.

[오답해설] ①③ 정묘호란과 관련된 내용이다. ② 임진왜란 때의 일이다.

[개념정리] 정묘호란과 병자호란

정묘호란	• 원인: 친명배금 정책(후금 자극), 이괄의 난(잔당들이 후금에 투항) • 후금의 침략(광해군 복수를 명분으로 내세움.) → 국왕 일행의 강화도 피난, 정봉수(철산 용골산성)와 이립(의주)의 활약 • 화의: 형제 관계 맺음.
병자호란	• 원인: 청의 군신 관계 요구 • 주전파(김상헌) vs 주화파(최명길): 국론이 주전으로 기욺. • 청 태종의 침입(빠른 남진으로 강화도로 가는 길 막음.) → 인조의 남한산성 피난, 45일 간 항전 • 삼전도의 굴욕(삼배구고두례, 삼전도비), 화의(군신 관계)
결과	북벌론 대두: 효종의 1차 북벌론(서인), 숙종의 2차 북벌론(남인)

15 [장수왕] ▶ ④

제시된 자료는 475년 백제 개로왕 때 고구려 군대의 공격을 받아 한성이 함락된 것과 관련된 내용으로, 이 시기 고구려에서는 장수왕이 집권하고 있었다. ④ 장수왕 때의 사실이다.

[오답해설] ① 고국원왕 때의 일이다. ② 4세기 미천왕 때 낙랑군과 대방군을 축출하여 영토를 확장하였다. ③ 고구려 광개토 대왕의 업적이다.

16 [을미사변] ▶ ①

제시된 자료는 일본인 고바야카와 히데오가 고백한 '민비 시해 사건의 진상'이라는 글이다. 따라서 밑줄 친 역사적 사건은 1895년 을미사변을 일컫는다. ① 군국기무처는 1894년에 설치되었다.

[오답해설] ② 을미사변 직후 일본은 김홍집을 중심으로 하여 친일 내각을 조직하고 단발령 시행 등의 급진적인 개혁을 추진하였다(을미개혁). ③ 을미사변과 단발령 시행을 계기로 일어난 을미의병에 대한 설명이다. ④ 1896년 아관 파천에 대한 설명이다.

17 [특수 행정 구역(향·소·부곡)] ▶ ①

제시된 자료의 밑줄 친 '고이부곡'은 고려 시대의 특수 행정 구역에 속한다. ① 향·소·부곡의 주민은 신분상 양민이었으나 일반 농민에 비해 차별을 받았다.

[오답해설] ② 향·소·부곡의 주민들은 다른 지역으로 이주하는 것이 금지되었다. ③ 향·소·부곡의 주민들은 국학에 입학하거나 과거에 응시할 수 없었다. ④ 향·소·부곡의 거주민에 대한 설명이다.

18 [고려 현종] ▶ ①

제시된 자료는 고려 현종 때 초조대장경 제작과 관련된 내용이다. ① 고려 성종 때 연등회와 팔관회를 중단했으나, 이후 현종 때 연등회와 팔관회를 다시 성대하게 거행하였다.

[오답해설] ② 고려 인종 때의 정치 상황에 대한 설명이다. ③ 고려 숙종 때의 일이다. ④ 고려 문종 때 불교 장려를 목적으로 흥왕사라는 절을 건립하였다.

19 [삼국 통일] ▶ ④

ⓔ 660년 백제의 멸망 과정에 대한 설명이다. ㉠ 당나라는 663년 신라에 계림 도독부를 설치하여 한반도 전체를 차지하려는 욕심을 보였다. ⓒ 668년 고구려 멸망에 대한 설명이다. ⓛ 671년 신라는 당나라로부터 사비성을 무력으로 탈환하고 여기에 소부리주를 설치하였다.

20 [고려의 문화재] ▶ ②

제시된 자료는 고려 정부의 농업 장려에 대한 내용으로, '12목 및 여러 주~'라는 내용을 통해 고려 시대임을 알 수 있다. ② 원각사지 10층 석탑은 조선 전기의 문화재이다.

[오답해설] ① 고달사지 승탑은 고려 초기에 만들어진 승탑으로, 신라 하대의 팔각 원당형 승탑 양식을 계승한 것이다. ③ 고려 초기에 세워진 불상이다. ④ 고려 시대에는 신라의 양식을 계승하여 부석사 소조 아미타여래 좌상을 만들었다.

한국사 정답 및 해설

7회차 문항분석표

구분	정치	경제	사회	문화
선사	1			
고대	2, 3		5	
중세	7, 8, 9			
근세	10	6		
근대 태동기	19			16
근대 개항기	11, 12, 13			
일제 강점기	15, 17			14
현대	20	18		
통합	4			

✅ 제7회 모의고사 정답

01 ②	02 ④	03 ③	04 ④	05 ③
06 ②	07 ②	08 ③	09 ①	10 ①
11 ②	12 ①	13 ①	14 ②	15 ①
16 ④	17 ③	18 ④	19 ③	20 ③

01 [초기 고구려] ▶ ②
제시된 자료는 초기 고구려의 정치 체제에 대해 서술한 것이다. ② 고구려는 빼앗아 온 식량을 보관하는 작은 창고인 부경을 집집마다 만들었다.

오답해설 ① 고조선에 대한 설명이다. ③ 부여에 대한 설명이다. ④ 동예의 특산물에 대한 설명이다.

02 [근초고왕] ▶ ④
제시된 자료는 근초고왕 때의 평양성 전투에 대한 내용으로, 이 전투에서 고구려 왕 사유(고국원왕)가 전사하였다. ④ 근초고왕은 산둥 지방과 일본의 규슈 지방에도 진출하여 동진－백제－가야－왜로 이어지는 해상 교역로를 장악하였다.

오답해설 ① 불교를 수용한 고대 국왕으로는 백제 침류왕, 고구려 소수림왕 등이 있다. ② 백제 고이왕의 업적이다. ③ 백제 문주왕 때의 일이다.

03 [진흥왕] ▶ ③
제시된 자료는 진흥왕 때의 영토 확장과 관련된 내용으로, 진흥왕은 555년 한강 유역 일대를 순행한 것을 기념하여 북한산 순수비를 건립하였다. ③ 진흥왕 때 개국・대창・홍제 등의 연호를 사용하였다.

오답해설 ① 법흥왕에 대한 설명이다. ② 신라 지증왕의 업적이다. ④ 고구려 소수림왕의 외교 정책에 대한 설명이다.

04 [제주도 지역사] ▶ ④
제시된 자료는 제주도 4・3 사건에 대해 서술한 내용이다. ④ 삼별초는 강화도에서 진도, 진도에서 제주도로 이동하면서 항쟁을 계속하다가 결국 제주도에서 진압되었다.

오답해설 ① 거문도, ② 강화도, ③ 한성(서울)에 대한 설명이다.

05 [진골과 6두품] ▶ ③
(가)는 진골 신분을, (나)는 6두품을 일컫는다. ③ 6두품이 아니라 신라 하대에 지방에서 성장한 호족 세력에 대한 설명이다. 호족들은 성을 쌓고 군대를 보유하여 스스로 성주, 장군이라고 부르면서 그 지역의 행정과 군사에 실질적인 지배력을 행사하였다.

오답해설 ①④ 진골에 대한 설명이다. ② 신라 중대에 6두품 세력은 왕권과 결탁하여 학문적 식견을 바탕으로 왕의 정치적 조언자로 활동하면서 정치적 진출을 활발히 하였다.

06 [과전법] ▶ ②
제시된 자료는 과전법에 규정된 내용이다. ② 고려 공양왕 때 제정된 과전법은 경기 지방의 토지에 한해 관리에게 등급에 따라 수조권을 지급하는 제도였다.

오답해설 ① 고려의 시정 전시과에 대한 설명이다. ③ 고려 원종 때 관리에게 녹봉 대신 지급한 녹과전에 대한 설명이다. ④ 고려 태조 때 지급한 역분전에 대한 설명이다.

07 [충선왕] ▶ ②
제시된 자료의 (가)는 고려 충선왕을 일컫는다. ② 충선왕은 재정 수입을 늘리기 위해 각염법을 제정하고, 소금의 전매를 단행하였다.

오답해설 ① 고려 인종 때의 일이다. ③ 충렬왕 때의 일이다. ④ 공민왕의 업적이다.

08 [이성계] ▶ ③
제시된 자료는 이성계가 활약한 황산 대첩과 관련된 내용이다. ③ 최무선은 왜구의 격퇴를 위해 화통도감 설치를 건의하여 화포를 만들었다. 그리고 이렇게 만든 화포를 이용하여 진포 전투에서 많은 왜구의 배를 불태웠다.

오답해설 ① 공민왕 때 홍건적의 2차 침입으로 개경까지 함락되자, 정세운・최영・이성계 등이 이끄는 고려군이 홍건적을 격퇴하였다. ② 이성계, 최영 등에 대한 설명이다. ④ 이성계의 위화도 회군에 대한 설명이다.

09 [고려의 대외 관계] ▶ ①
서희의 외교 담판은 성종 때인 993년의 일이고, 귀주 대첩은 현종 때인 1019년의 일이다. 또한 천리장성 완공은 고려 10대 국왕 정종 재위 기간인 1044년의 일이고, 동북 9성 축조는 고려 예종 때인 1107년의 일이며, 강화 천도는 최우 집권기인 1232년의 일이다. ① 고려 문종 때의 사실로, (다) 시기에 속한다.

오답해설 ② 귀주 대첩 이후, 현종은 강감찬의 건의에 따라 개경에 나성을 쌓아 방어를 강화하였다. ③ 고려 숙종 때인 1101년의 일이다. ④ 12세기 인종 때인 1145년의 일이다.

10 [조선 명종] ▶ ①
제시된 자료는 명종 때 일어난 을사사화와 관련된 내용이다. 명종 때 인종의 외척인 윤임(대윤)과 명종의 외척인 윤원형(소윤)이 대립하였다. 이를 계기로 을사사화가 발발하여 소윤이 대윤을 정계에서 축출하였다. ① 명종 때 임꺽정의 난이 발발하였다.

오답해설 ② 조선 순조 때, ③ 조선 숙종 때, ④ 조선 영조 때의 일이다.

11 [강화도 조약] ▶ ②
제시된 자료는 1876년에 체결된 강화도 조약에 규정된 내용이다. ② 강화도 조약에 따라 일본의 영사 재판권(치외 법권)을 허용하였다.

오답해설 ① 1882년에 체결된 조・미 수호 통상 조약에 규정된 내용이다. ③ 1876년에 체결된 조・일 무역 규칙에 대한 설명이다. ④ 1882년에 체결된 제물포 조약에 대한 설명이다.

12 [1차 갑오개혁] ▶ ①
군국기무처는 1차 갑오개혁의 중심 기구였다. ① 1차 갑오개혁 때 궁내부를 신설하여 왕실과 정부 사무를 분리하였다.

오답해설 ② 대한 제국 시기에 추진된 광무개혁에 대한 내용이다. ③ 흥선 대원군 때의 일이다. ④ 대한 제국에서 시도한 경제 정책에 대한 설명이다.

13 [정미의병] ▶ ①
제시된 자료는 정미의병의 원인과 대표 의병장을 정리한 것이다. ① 정미의병 당시, 이인영을 총대장으로 13도 창의군을 결성하고 서울 진공 작전을 전개하였다.

오답해설 ②③ 을사의병, ④ 을미의병에 대한 설명이다.

14 [박은식] ▶②

제시된 자료는 박은식의 활동을 서술한 내용이다. ② 박은식은 "비록 국권을 강탈당하였다고 하더라도 나라의 '혼'이 살아 있다면 광복을 맞이할 수 있을 것이다."라고 하면서 민족혼을 계속 유지하여야 한다고 강조하였다.

오답해설 ① 신채호에 대한 설명이다. ③ 백남운 등 사회 경제 사학자에 대한 설명이다. ④ 이병도 등 실증주의 사학자에 대한 설명이다.

15 [1920년대 이후의 일제 정책] ▶①

치안 유지법은 1925년에 제정된 법령이다. ① 1918년의 일이다.

오답해설 ② 중·일 전쟁(1937) 이후 일제는 창씨개명을 실시하여 우리의 성과 이름을 일본식으로 바꾸도록 강요하였다. ③ 동아일보와 조선일보는 1920년부터 발행되기 시작하여 1940년에 폐간되었다. ④ 중·일 전쟁 이후 일제는 무기와 전쟁 물자를 조달하기 위해 가정과 학교, 종교 시설 등에서 금속류를 강제로 공출했으며, 쌀·잡곡에 대한 배급 제도를 실시하였다.

개념정리 1920년대 문화 통치

배경	3·1 운동을 계기로 무단 통치의 한계 자각, 악화된 국제 여론 의식
본질	친일파를 길러 우리 민족을 이간, 분열시키려는 교활한 기만 정책
내용	• 문관 총독 임명 가능(실제로 문관이 총독에 임명된 적이 한 번도 없음) • 보통 경찰 제도 실시: 경찰 업무와 군대 업무 분리 → 탄압 강화: 경찰 병력 3배 이상 증가, 치안 유지법 제정(1925) • 언론, 출판의 자유 일부 허용: 동아일보, 조선일보 등 한글 신문 간행(검열은 강화) • 지방 자치제 실시: 조선인의 정치 참여 선전 목적, 도 평의회 등을 두었으나 의결권 없는 자문 기구에 불과, 일부 지역에 선거제 도입(소수의 부유층 대상) • 교육 기회 확대: 제2차 조선 교육령(1922), 학교 수도 어느 정도 늘어남.

16 [『동사강목』] ▶④

제시된 자료는 안정복이 쓴 『동사강목』의 내용이다. ④ 안정복은 『동사강목』에서 고조선부터 고려 공양왕까지의 통사를 다루었다.

오답해설 ① 유득공의 『발해고』에 대한 설명이다. ② 이긍익이 저술한 『연려실기술』에 대한 설명이다. ③ 한치윤이 쓴 『해동역사』에 대한 설명이다.

17 [한인 애국단] ▶③

제시된 자료는 한인 애국단 단원인 이봉창이 일으킨 의거에 대해 서술한 내용이다. ③ 1931년 김구는 침체된 대한민국 임시 정부에 활기를 불어넣고 일제와 투쟁할 목적으로 한인 애국단을 조직하였다.

오답해설 ①④ 의열단, ② 대한 광복회에 대한 설명이다.

개념정리 한인 애국단

조직	1931년 임시 정부의 침체 극복을 위해 김구가 상하이에서 조직
활동	• 이봉창 의거(1932): 일왕이 탄 마차 행렬에 폭탄 투척, 의거는 실패 → 중국 언론이 이 사건을 아쉽다고 표현 → 상하이 사변 발발 • 윤봉길 의거(1932): 상하이 훙커우 공원에서 열린 일본군의 상하이 점령 기념식장에 폭탄 투척, 여러 명의 일본군 장성들 살상
의의	중국 국민당 정부가 대한민국 임시 정부를 인정하고 지원하는 계기가 됨.

18 [농지 개혁] ▶④

제시된 자료는 1949년 6월에 제정된 '농지 개혁법'의 내용이다. ④ 신한 공사는 농지 개혁 실시 이전인 1948년에 해체되었다.

오답해설 ① 농지 개혁법은 제헌 국회에서 제정하였다. ②③ 남한의 농지 개혁에서는 호당 3정보를 토지 소유의 상한선으로 정하고, 그 이상을 소유한 지주로부터 농지를 유상 매입하여 농민에게 유상 분배하였다.

19 [훈련도감] ▶③

제시된 자료의 (가) 군사 조직은 훈련도감을 일컫는다. ③ 훈련도감은 포수, 살수, 사수의 삼수병으로 조직되었다.

오답해설 ① 조선 전기인 세종 때 설치된 잡색군에 대한 설명이다. ② 조선 전기의 지방군인 영진군에 대한 설명이다. ④ 훈련도감 구성원의 대부분은 급료를 받는 상비군(직업 군인)이었다.

20 [정부 수립 과정] ▶③

제시된 자료는 1948년 2월 유엔 소총회에서 유엔 한국 임시 위원단이 활동 가능한 지역(분단 의미)에서만이라도 선거를 실시할 것을 결의한 내용을 다루고 있다. ③ 1946년 6월 이승만의 정읍 발언에 대한 설명이다.

오답해설 ① 1948년 4월의 일이다. ② 1949년의 일이다. ④ 1948년 4월에 발발한 제주 4·3 사건에 대한 설명이다.

한국사 정답 및 해설

8회차 문항분석표

구분	정치	경제	사회	문화
선사	1			
고대	2, 3, 4			
중세	5		6	7
근세	8, 9		10	
근대 태동기	12			11
근대 개항기	13, 14, 15	17		
일제 강점기	18, 19			
현대	16, 20			

✅ 제8회 모의고사 정답

01 ①	02 ②	03 ④	04 ④	05 ③
06 ④	07 ③	08 ④	09 ①	10 ④
11 ①	12 ③	13 ③	14 ②	15 ③
16 ④	17 ②	18 ③	19 ③	20 ①

01 [청동기 시대] ▶ ①

제시된 자료는 청동기 시대의 도구 사용을 서술한 내용이다. ① 청동기 시대에 들어와 일부 저습지에서 벼농사를 지었다.

오답해설 ② 신석기 시대에는 애니미즘, 토테미즘 등 원시 신앙이 등장하였다. ③ 초기 철기 시대에 대한 설명이다. ④ 신석기 시대에 들어와 뼈바늘, 가락바퀴를 사용하기 시작하였다.

02 [삼국의 발전 과정] ▶ ②

(가) 고구려 태조왕 때 옥저를 복속하여 영토를 확장하였는데, 태조왕의 재위 기간은 53~146년까지이다. (나) 6세기 법흥왕은 520년 율령을 반포하고 관리의 공복을 제정하였다. ② 백제는 성왕 때인 538년에 대외 진출에 유리한 사비로 천도하고, 국호를 남부여라고 하였다.

오답해설 ① 고구려는 2세기 고국천왕 때 진대법을 실시하였다. ③ 493년 백제 동성왕과 신라 소지 마립간은 혼인 동맹을 맺었다. ④ 신라는 4세기 내물 마립간 때부터 6세기 지증왕 초반 시기까지 마립간이라는 왕호를 사용하였다. 지증왕 때인 503년에 신라는 왕호를 마립간에서 중국식인 '왕'으로 고쳤다.

03 [광개토 대왕] ▶ ④

제시된 자료는 고구려 광개토 대왕 때 백제를 공격하여 한강 이북의 땅을 차지한 과정을 서술한 내용이다. ④ 4세기 미천왕 때 요동의 서안평을 점령하였다.

오답해설 ① 광개토 대왕은 최초로 영락이라는 연호를 사용하였다. ②③ 광개토 대왕의 정복 활동에 대한 설명이다.

04 [신문왕] ▶ ④

제시된 자료는 신문왕의 가족 관계에 대한 내용이다. '문무왕의 맏아들, 왕비는 김흠돌의 딸~'이라는 내용을 통해 해당 국왕이 신문왕임을 알 수 있다. ④ 신문왕은 국학을 설치하여 유학을 교육하였다.

오답해설 ① 문무왕 때의 일이다. ② 성덕왕의 업적이다. ③ 신라 하대 진성 여왕 때의 일이다.

개념정리 신라 중대 국왕들의 업적

왕	주요 업적
신문왕	• 김흠돌의 난을 계기로 귀족 세력 숙청 • 14부의 중앙 통치 조직 완성, 9주 5소경, 9서당 10정 편제, 국학 설립(유학 교육 기관) • 관료전 지급(687), 녹읍 폐지(689)
성덕왕	• 정전 지급, 공자와 그 제자들의 초상화를 국학에 안치(국학의 권위 강화) • 당과의 국교 재개(대동강 이남의 영토에 대한 지배권 인정)
경덕왕	• 중시의 명칭을 시중으로 격상 • 한화 정책: 관직과 지방의 명칭을 중국식으로 변경 • 녹읍 부활, 불국사·석굴암 축조(완성: 혜공왕)
혜공왕	진골 세력의 반란: 대공의 난, 96각간의 난, 김지정의 난

05 [고려의 정치 제도] ▶ ③

제시된 자료는 고려의 중추원에 대해 서술한 내용이다. ③ 중추원은 군사 기밀을 담당하는 2품 이상의 추밀과 왕명의 출납을 담당하는 3품의 승선으로 구성되었다. 이후 원 간섭기에 들어와 관제 격하에 따라 밀직사로 개편되었다.

06 [고려의 사회 모습] ▶ ④

제시된 자료는 고려 시대의 대외 교류에 대한 내용이다. ④ 조선 후기에 들어와 부계를 중심으로 집안의 대를 이어야 한다는 의식이 확산되면서, 아들이 없는 경우에는 양자를 들이는 것이 일반화되었다.

오답해설 ①② 고려 시대의 가족 제도에 대한 설명이다. ③ 고려 시대에는 족보에 친손과 외손을 모두 기재하였다.

07 [지눌] ▶ ③

제시된 자료는 지눌의 정혜결사문이다. ③ 지눌은 불교계의 세속화를 비판하고 선종을 중심으로 교종을 포용하는 선교일치를 주장하였다.

오답해설 ① 『해동고승전』은 고려 고종 때 승려 각훈이 왕명에 따라 편찬한 역사서이다. ② 요세에 대한 설명이다. ④ 의천에 대한 설명이다.

08 [광해군] ▶ ④

제시된 자료는 광해군 때 인목대비를 서궁(경운궁)에 유폐시킨 것과 관련된 내용이다. ④ 광해군 때 방납의 문제를 해결하기 위해 대동법을 경기도에서 처음으로 실시하였다.

오답해설 ① 효종과 숙종 때의 일이다. ② 광해군 때는 북인이 권력을 장악하였다. 서인이 권력을 장악한 것은 인조반정 이후의 일이다. ③ 선조 때의 일이다.

09 [조선의 과거 제도] ▶ ①

① 소과의 초시에서는 각 도의 인구 비율로 배분하여 700명을 선발하였다. 그러나 2차 복시에서는 지역별 인구 비례를 고려하지 않고 성적순으로 생원과 진사를 각각 100명씩 선발하였다.

오답해설 ② 문과(대과) 최종 합격자는 성적에 따라 갑과 3명, 을과 7명, 병과 23명으로 차등 선발하여 최고 6품~최하 9품의 품계를 제수받았다. ③ 소과와 대과(문과)의 합격 증서에 대한 설명이다. ④ 조선의 과거 제도에 대한 설명이다.

10 [조선의 향리] ▶ ④

제시된 자료의 (가)는 향리를 일컫는다. ④ 향리는 지방 행정의 실무를 맡았으며, 이들은 6방으로 나뉘어 각기 업무를 맡아 처리하였다.

오답해설 ① 서리에 대한 설명이다. 향리는 중앙이 아니라 지방 관청에 소속되었다. ② 신량역천 계층에 대한 설명이다. ③ 서얼에 대한 설명이다.

11 [박지원] ▶ ①

제시된 자료는 박지원이 쓴 「양반전」의 내용으로, 박지원은 놀고먹는 양반들을 비판하였다. ① 박지원은 생산과 유통이 중요하다고 보고, 수레와 선박의 이용, 화폐 유통의 필요성을 강조하였다.

오답해설 ② 유형원, ③ 박제가, ④ 정약용에 대한 설명이다.

12 [정조] ▶ ③

제시된 자료는 정조 때 실시한 정책들을 서술한 것이다. ③ 정조는 초계문신 제도를 실시하여 37세 이하의 당하관 관리 중에서 유능한 인사를 선발하여 일정 기간 동안 규장각에서 재교육하였다.

오답해설 ① 순조 때 장용영을 혁파하고 다시 5군영을 강화하였다. ② 조선 숙종 때의 일이다. ④ 영조 때 실시된 도시 정비 사업이다.

13 [흥선 대원군] ▶ ③

제시된 자료에서 (가)는 흥선 대원군을, (나)는 병인박해를 일컫는다. ③ 프랑스는 병인박해를 구실로 군함을 보내 조선을 침략하는 병인양요를 일으켰다.

오답해설 ①② 흥선 대원군이 실시한 정책이다. ④ 병인박해와 제너럴셔먼호 사건은 같은 해인 1866년에 일어났다.

14 [1880년대의 정치 상황] ▶ ②

㉠ 1881년 정부는 일본에 조사 시찰단을 비밀리에 파견하였다. ㉣ 임오군란 발발 이전인 1882년 4월 조선은 미국과 조·미 수호 통상 조약을 체결했는데, 이는 조선이 서양 국가와 처음으로 맺은 조약이었다. ㉢ 1882년 임오군란의 결과, 청나라와 조·청 상민 수륙 무역 장정을 체결하였다. ㉡ 1885년부터 1887년까지의 일이다.

15 [독립 협회] ▶ ③

제시된 자료는 독립 협회의 대중 계몽 운동과 관련된 내용이다. ③ 신민회 등에 대한 설명이다. 독립 협회는 입헌 군주제 체제를 목표로 활동한 단체이다.

오답해설 ①②④ 독립 협회의 활동에 대한 설명이다.

16 [여운형] ▶ ④

제시된 자료는 해방 직전 여운형의 활동을 서술한 내용이다. ④ 1946년 여운형·김규식 등 중도 세력을 중심으로 좌·우 합작 위원회가 조직되었다.

오답해설 ① 송진우, 김성수 등 우익 세력에 대한 설명이다. ② 여운형은 5·10 총선거 실시 이전인 1947년에 혜화 로터리에서 반대 세력에게 저격당해 숨졌다. 5·10 총선거에 불참한 인물로는 김구, 김규식, 조소앙 등이 있다. ③ 1948년 4월 평양에서 열린 남북 협상 회의에 참석한 인물로는 김구와 김규식 등이 있다.

17 [근대의 경제] ▶ ②

② 일제는 백동화의 액면가를 무시하고 백동화의 질에 따라 갑·을·병종으로 나누어 교환해 주었다.

오답해설 ① 1905년 일본인 재정 고문 메가타가 화폐 정리 사업을 추진하였다. ③ 국채 보상 운동에 대한 설명이다. ④ 국채 보상 운동 당시, 전국 각지에서 담배와 술을 끊어 성금을 내자는 운동이 일어났고 부녀자들은 비녀와 가락지를 팔아 운동에 참여하였다.

18 [1910년대 일제의 무단 통치] ▶ ③

제시된 자료는 무단 통치 시기인 1910년대 일제의 경제 정책을 서술한 내용이다. ③ 1910년대 일제는 헌병 경찰 제도를 바탕으로 강력한 무단 통치를 실시하였다.

오답해설 ① 1920년의 일이다. ② 1925년의 일이다. ④ 일제는 1938년 3차 조선 교육령을 공포하여 모든 학교에서 한국어를 선택 과목으로 바꾸고 한국어 과목을 사실상 폐지하였다.

19 [광주 학생 항일 운동] ▶ ③

밑줄 친 '이 운동'은 1929년에 일어난 광주 학생 항일 운동을 일컫는다. 광주 학생 항일 운동이 일어나자 신간회는 조사단을 현지에 파견하였으며, 이를 전국적인 항쟁으로 발전시키려는 계획을 세웠다. ③ 광주 학생 항일 운동은 학생들이 앞장서고 시민·노동자들이 참여한 3·1 운동 이후 최대 규모의 민족 운동이었다.

오답해설 ① 1919년 3·1 운동에 대한 설명이다. ② 1926년 6·10 만세 운동에 대한 설명이다. ④ 1929년에 일어난 원산 총파업에 대한 설명이다.

20 [통일 정책] ▶ ①

㉠ 박정희 정부 때인 1972년 7·4 남북 공동 성명 발표에 따라 남북 조절 위원회가 구성되었다. ㉢ 전두환 정부 때인 1985년의 일이다. ㉡ 노태우 정부 때인 1991년 12월의 일이다. ㉣ 김대중 정부 때인 2000년 6월의 일이다.

개념정리 주요 통일 정책

7·4 남북 공동 성명	1972	• 자주·평화·민족적 대단결의 민족 통일 3대 원칙 • 남북 조절 위원회 설치
남북 이산가족 고향 방문단 교환 방문	1985	최초로 남북 이산가족 고향 방문, 예술 공연단 교환 방문
남북 고위급 회담 시작	1990. 9.	정원식, 연형묵 대표 회담
남북 UN 가입	1991. 9.	남북이 UN에 동시 가입
남북 기본 합의서	1991. 12.	• 남북 간의 화해와 불가침 및 교류·협력에 관한 합의서 • 통일을 지향하는 과정에서 잠정적으로 형성되는 특수 관계 인정
한반도 비핵화 선언	1991. 12.	한반도 비핵화에 관한 공동 선언 채택(1991. 12. 31.)
금강산 관광 사업(해로)	1998	1998년 11월 금강호가 분단 후 처음으로 동해항에서 출발 (현대 그룹 주도)
6·15 남북 공동 선언	2000	• 최초의 남북 정상 회담의 결과, 통일 문제의 자주적 해결 • 남측의 '남북 연합제 안'과 북측의 '낮은 단계의 연방제 안'의 공통성 인정 • 개성 공단 설치, 경의선 복구
10·4 남북 공동 선언	2007	• 2차 남북 정상 회담의 결과로 발표 • 상호 존중과 신뢰의 남북 관계로 전환 • 종전 선언 협의

한국사 정답 및 해설

9회차 문항분석표

구분	정치	경제	사회	문화
선사	1			
고대	3, 4			2
중세	5, 8, 11			7
근세	9, 10			
근대 태동기	6		12	
근대 개항기	13, 14, 15			
일제 강점기	16, 17			19
현대	18, 20			

✅ 제9회 모의고사 정답

01 ③	02 ④	03 ②	04 ④	05 ②
06 ③	07 ①	08 ④	09 ③	10 ③
11 ③	12 ①	13 ④	14 ④	15 ③
16 ④	17 ④	18 ③	19 ②	20 ①

01 [동예] ▶ ③

제시된 자료는 동예의 특산물과 풍습에 대한 내용이다. ③ 옥저와 동예의 정치 체제에 대한 설명이다. 옥저와 동예는 왕이 없었으며 읍군·삼로·후·거수라는 군장이 각자 자신의 읍락을 다스렸다.

오답해설 ① 고구려 등에 대한 설명이다. ② 옥저에 대한 설명이다. ④ 변한에 대한 설명이다.

02 [최치원] ▶ ④

제시된 자료는 신라 하대의 유학자인 최치원의 행적을 서술한 내용이다. ④ 최치원은 당나라에서 황소의 난이 일어나자, '토황소격문'을 지어 문장가로 명성을 알렸다.

오답해설 ① 신라 6두품 출신의 학자인 설총에 대한 설명이다. ② 고구려의 을지문덕에 대한 설명이다. ③ 신라 진흥왕 때의 거칠부에 대한 설명이다.

03 [발해의 국왕(고왕·무왕)] ▶ ②

밑줄 친 (가)는 발해 고왕(대조영)을, (나)는 발해 무왕을 일컫는다. ② 대조영은 고구려 유민과 말갈족을 이끌고 동모산에서 발해를 건국하였다.

오답해설 ① 대조영은 고구려의 왕족 출신이 아니라 고구려의 장군 출신으로 기록되어 있다. ③ 신라 문무왕은 태자 시절이던 660년에 김유신 등과 함께 군사를 이끌고 백제를 멸망시켰다. ④ 발해 선왕의 업적이다.

04 [무령왕] ▶ ④

제시된 자료는 백제 무령왕릉과 관련된 내용으로, 밑줄 친 '영동대장군인 사마왕'은 백제 무령왕을 일컫는다. ④ 무령왕은 지방에 22담로를 설치하고 왕족을 파견하여 지방에 대한 통제를 강화하였다.

오답해설 ① 백제 성왕의 업적이다. ② 불교를 수용한 왕으로는 고구려의 소수림왕, 백제의 침류왕 등이 있다. ③ 6세기 법흥왕의 업적이다.

05 [고려의 대외 관계(거란)] ▶ ②

제시된 자료는 고려 성종 때인 거란의 1차 침입 당시 거란의 소손녕과 서희의 외교 담판 내용이다. ② 서희의 외교 담판의 결과 고려는 거란과 교류하겠다고 약속했으며, 대신 압록강 동쪽의 강동 6주를 획득하였다.

오답해설 ① 고려 숙종 때 윤관의 건의에 따라 별무반을 조직하여 여진의 기병에 대항하고자 하였다. ③ 몽골의 2차 침입에 대비하여 최우 정권은 강화도로 수도를 옮겨 항전할 것을 결의하였다. ④ 12세기 인종 때의 일이다.

06 [영조] ▶ ③

제시된 자료는 영조가 자신의 업적을 6가지로 정리하여 발표한 '어제문업'의 내용이다. ③ 영조는 신문고 제도를 부활시켜 백성들의 억울함을 풀어주고자 하였다.

오답해설 ①② 정조의 업적이다. ④ 조선 숙종은 왕권 강화를 위해 수시로 환국을 단행하였다.

07 [『삼국사기』] ▶ ①

제시된 자료는 김부식이 『삼국사기』를 편찬하면서 올린 글의 내용이다. ① 김부식이 쓴 『삼국사기』는 기전체로 서술된 역사서로 본기, 지, 열전 등으로 구성되었다.

오답해설 ② 일연의 『삼국유사』 등에 대한 설명이다. ③ 김부식의 『삼국사기』는 고구려 계승 의식보다 신라 계승 의식이 좀 더 반영되었다고 평가된다. ④ 『제왕운기』 등에 대한 설명이다.

08 [충렬왕] ▶ ④

제시된 자료는 충렬왕 때의 관제 격하와 도평의사사 설치 등에 대한 내용이다. ④ 원의 일본 원정은 고려 충렬왕 때인 1274년과 1281년에 이루어졌다.

오답해설 ① 최충헌 집권기 때의 일이다. ② 충선왕 때의 일이다. ③ 공민왕의 업적이다.

09 [예송 논쟁] ▶ ③

제시된 자료는 현종 때 발발한 예송 논쟁 당시, 서인이 주장한 내용이다. ③ 1차 예송 논쟁 때는 서인의 주장이 채택되었고, 2차 예송 논쟁 때는 남인의 주장이 받아들여져 남인이 집권하였다.

오답해설 ① 예송 논쟁은 현종 때 일어난 사건이다. ② 예송 논쟁으로 서인과 남인의 대립이 격화되었다. ④ 선조 때 일어난 정철의 건저의 사건(정철이 선조에게 광해군의 세자 책봉을 건의)에 대한 설명이다.

개념정리 예송 논쟁

구분	서인	남인
주장	왕사동례(王士同禮)	왕사부동례(王士不同禮)
성격	신권 강화	왕권 강화
예서	『주자가례』, 『가례집람』	고례(『예기』, 『주례』, 『의례』)
기해예송 (1659)	• 효종 사후 조대비(인조의 계비, 효종의 계모)의 복상 기간: 서인의 1년설 vs 남인의 3년설 • 1년설 채택 → 서인 승리, 남인 실각	
갑인예송 (1674)	• 인선왕후(효종 비) 사후 조대비 복상 기간: 서인의 9개월설(대공설) vs 남인의 1년설(기년설) • 1년설(기년설) 채택 → 남인 승리, 서인 실각	

10 [조선 전기의 정치 상황] ▶ ③

ⓛ 조선 태조 때 『조선경국전』을 편찬하여 왕조의 통치 규범을 마련하였다. ㉠ 세종 때 김종서와 최윤덕으로 하여금 압록강과 두만강 지역에 4군 6진을 설치하도록 하였다. ㉢ 세조는 왕권 강화를 위해 의정부 서사제를 폐지하고, 6조 직계제를 부활하였다. ㉣ 조선 성종의 업적이다.

11 [후삼국 통일] ▶ ③

③ (가)의 궁예는 901년 송악을 도읍으로 삼아 후고구려를 세웠다. 이후 궁예는 수도를 철원으로 옮겼으며, 나라 이름도 마진, 태봉 등으로 여러 번 바꾸었다. (나)의 견훤은 전라도 지방의 군사력과 호족 세력을 토대로 성장하였다. 이후 900년에 완산주(전주)에 도읍을 정하고 후백제를 세웠다.

12 [홍경래의 난] ▶ ①

제시된 자료는 세도 정치 시기인 순조 때 일어난 1811년 홍경래의 난과 관련된 내용이다. ① 홍경래의 난은 몰락 양반인 홍경래의 주도 아래 영세 농민, 중소 상인, 광산 노동자 등이 합세하였다.

오답해설 ② 철종 때 일어난 임술민란에 대한 설명이다. ③ 순조 때 일어난 천주교 박해 사건은 신유박해로, 홍경래의 난 발발 이전인 1801년에 일어났다. ④ 이괄의 난은 조선 인조 때 일어난 사건이다.

13 [국권 피탈] ▶ ④

제시된 자료는 을사조약 체결에 대한 각계각층의 저항을 서술한 것이다. 따라서 밑줄 친 (가)는 을사조약을, 밑줄 친 (나)는 을사의병을 일컫는다. ④ 을미의병은 고종의 해산 권고 조칙(효유 조칙)이 내려지면서 대부분 종식되었다.

오답해설 ① 을사조약은 러·일 전쟁이 종식된 이후인 1905년 11월에 체결되었다. ② 을사의병 때의 일이다. ③ 을사조약에 따라 대한 제국의 외교권이 박탈되어 일본의 중재 없이 국제적 조약을 체결할 수 없게 되었다.

14 [조·청 상민 수륙 무역 장정] ▶ ④

제시된 자료는 1882년에 체결된 조·청 상민 수륙 무역 장정에 규정된 내용이다. ④ 조·청 상민 수륙 무역 장정은 내지 통상권을 규정하여 청나라 상인들이 본격적으로 조선 내륙에 진출할 수 있었다.

오답해설 ① 1882년에 체결된 조·미 수호 통상 조약에 대한 설명이다. ② 1876년에 체결된 강화도 조약은 우리나라 최초의 근대적 조약이자 불평등 조약이다. ③ 조·청 상민 수륙 무역 장정은 갑신정변(1884) 발발 이전에 체결되었다.

15 [대한 제국] ▶ ③

제시된 자료는 1897년에 수립된 대한 제국에서 추진한 양전·지계 사업을 설명한 내용이다. ③ 대한 제국은 1899년 대한국 국제를 반포하여 만세불변의 전제 정치와 황제권의 무한함을 강조하였다.

오답해설 ① 별기군은 1881년에 설치된 신식 군대이다. ② 을미개혁 때 개국 연호를 폐지하고 건양 연호를 제정하였다. ④ 1차 갑오개혁 때 추진된 정책이다.

16 [1910년대 무장 독립 투쟁] ▶ ④

제시된 자료는 1914년 대한 광복군 정부가 수립된 것과 관련된 내용이다. ④ 경학사는 1911년 남만주에서 이회영, 이상룡 등이 조직한 자치 단체이다.

오답해설 ① 1920년 청산리 대첩에 대한 설명이다. ② 1920년대 만주에서 참의부(1923), 정의부(1924), 신민부(1925)가 조직되었다. ③ 구미위원부는 1919년에 이승만이 미국에 설치한 임시 정부의 외교 사무소이다.

17 [의열단] ▶ ④

제시된 자료는 의열단의 활동에 대해 서술한 내용이다. ④ 신채호의 「조선 혁명 선언」은 의열단의 투쟁 노선과 행동 강령을 제시한 것이다.

오답해설 ① 신간회, ② 한인 애국단, ③ 독립 의군부 등에 대한 설명이다.

개념정리 의열단

조직	1919년 만주 길림성에서 김원봉, 윤세주 등을 중심으로 조직된 비밀 결사	
목표	• 일제 요인 암살과 식민 통치 기관의 파괴, 민중의 직접 혁명을 통한 일제 타도 • 신채호의 조선 혁명 선언(1923)을 행동 강령으로 삼음.	
주요 의거 활동	박재혁(1920)	부산 경찰서에 폭탄 투척
	최수봉(1920)	밀양 경찰서에 폭탄 투척
	김익상(1921)	• 조선 총독부에 폭탄 투척(1921) • 상하이에서 일본 육군 대장 다나카 저격(1922)
	김상옥(1923)	종로 경찰서에 폭탄 투척
	김지섭(1924)	일본 도쿄 궁성에 폭탄 투척(이중교 의거)
	나석주(1926)	동양 척식 주식회사와 철도 회사, 식산은행에 폭탄 투척
활동의 변화	• 개별적 투쟁의 한계 인식 → 1920년대 중후반, 조직적인 무장 투쟁 노선으로 전환 • 일부 단원들 중국의 황포 군관 학교에 입학, 조선 혁명 간부 학교 설립 • 민족 혁명당(1935): 중국 난징에서 의열단, 한국 독립당, 대한 독립당, 신한 독립당, 조선 혁명당 5개 단체가 통합하여 결성 → 산하의 군사 조직으로 조선 의용대(1938) 편성 → 1942년 충칭 임시 정부에 합류	

18 [1970년대 정치] ▶ ③

제시된 자료는 1972년 11월 국민 투표를 통해 확정된 유신 헌법(7차 개헌)의 내용으로, 1972년 12월부터 1980년 10월까지 적용되었다. ③ 유신 헌법 제정 이전인 1965년 6월 박정희 정부는 한·일 기본 조약을 체결하고 일본과 국교를 정상화하였다.

오답해설 ①② 1979년 김영삼이 국회에서 제명당하자, 이 사건을 계기로 부산과 마산 등지에서 유신 체제에 저항하는 시위가 발생하였다(부·마 민주 항쟁). ④ 1976년 재야인사들이 명동 성당에서 3·1 민주 구국 선언을 발표하여 박정희 정권 퇴진 등을 요구하였다.

19 [일제 강점기의 역사학] ▶ ②

② 박은식에 대한 설명이다. 사회 경제 학자인 백남운은 『조선사회경제사』, 『조선봉건사회경제사』 등을 저술하였다.

오답해설 ① 실증사학자인 이병도는 진단 학회를 조직하여 한국사를 연구하였다. ③ 1930년대 정인보 등이 중심이 되어 조선학 운동을 전개하였다. ④ 박은식이 주장한 내용이다.

20 [김구] ▶ ①

제시된 자료는 김구의 『백범일지』에 실린 '나의 소원'이라는 글의 내용이다. ① 김구는 남한만의 단독 정부 수립에 반대하여 5·10 총선거에 불참하였다.

오답해설 ② 여운형과 김규식 등에 대한 설명이다. ③ 여운형과 안재홍 등은 1945년 8월 조선 건국 준비 위원회를 조직하였다. ④ 이승만에 대한 설명이다.

10회차 문항분석표

구분	정치	경제	사회	문화
선사	1			
고대	3, 5		4	
중세	6, 7			
근세	8, 9			
근대 태동기	11	12		10
근대 개항기	14, 15, 17			
일제 강점기	13, 16, 18			20
현대	19			
통합	2			

제10회 모의고사 정답

01 ③	02 ③	03 ②	04 ④	05 ④
06 ①	07 ④	08 ③	09 ①	10 ④
11 ③	12 ③	13 ④	14 ②	15 ③
16 ④	17 ②	18 ①	19 ①	20 ②

01 [구석기 시대의 유적지] ▶ ③

제시된 자료는 구석기 시대의 생활 모습을 서술한 것이다. ③ 구석기 시대의 대표적인 유적지로는 공주 석장리, 연천 전곡리 등이 있다.

오답해설 ① 부여 송국리는 청동기 시대의 유적지이다. ②④ 서울 암사동과 부산 동삼동은 신석기 시대의 유적지이다.

02 [전근대 지방 제도] ▶ ③

ⓒ 백제는 방군제를 시행하여 전국을 5방으로 나누고 그 밑에 군, 성을 두었다. ㉠ 통일 신라 시대에는 군사·행정상의 요충지에 5소경을 두었다. ㉡ 고려 시대의 지방 제도에 대한 설명이다. ㉢ 조선 시대의 지방 제도에 대한 설명이다.

03 [금관가야] ▶ ②

제시된 자료는 금관가야의 건국 설화에 대한 내용이다. ② 대가야, 백제 등에 대한 설명이다. 대가야의 이뇌왕은 신라 법흥왕과 결혼 동맹을 맺었으며, 백제 동성왕은 신라 소지 마립간과 결혼 동맹을 체결하였다.

오답해설 ①③④ 금관가야에 대한 설명이다.

04 [진골] ▶ ④

제시된 자료는 8세기 후반 진골 귀족들의 왕위 다툼을 서술한 내용이다. ④ 진골 귀족들은 주로 중앙 관청의 우두머리나 지방 장관직을 담당하였다.

오답해설 ① 신라 6두품에 대한 설명이다. ② 백제의 귀족에 대한 설명이다. ③ 신라 6두품은 6관등인 아찬까지만 승진할 수 있었다. 반면에 진골은 1관등인 이벌찬까지 승진할 수 있었다.

05 [지증왕] ▶ ④

제시된 자료는 지증왕 때의 우산국 정벌과 관련된 내용이다. ④ 지증왕 때 국호를 '신라'로 정하고, 왕호도 중국식인 '왕'으로 바꾸었다.

오답해설 ① 율령을 반포한 왕으로는 고구려 소수림왕, 신라 법흥왕 등이 있다. ② 선덕 여왕 때의 일이다. ③ 진흥왕은 화랑도를 국가적인 조직으로 개편하였다.

06 [최충헌] ▶ ①

제시된 자료는 최충헌이 이의민을 제거하고 정권을 잡은 뒤에 명종에게 올린 봉사 10조의 내용이다. ① 최충헌은 교정도감을 설치하여 국정을 장악하였다.

오답해설 ②③ 최우에 대한 설명이다. ④ 1170년에 보현원에서 정변을 일으킨 정중부, 이의방에 대한 설명이다.

07 [묘청의 서경 천도 운동] ▶ ④

제시된 자료는 고려 인종 때 묘청 세력이 주장한 내용이다. 묘청 세력은 정권 장악이 어렵게 되자, 서경에서 반란을 일으켰다(묘청의 서경 천도 운동). ④ 묘청의 서경 천도 운동은 김부식이 이끄는 관군에 의해 진압되었다.

오답해설 ① 이자겸의 난에 대한 설명으로, 이자겸은 묘청의 서경 천도 운동 발발 이전에 제거되었다. ② 김사미·효심의 난 등에 대한 설명으로, 묘청의 서경 천도 운동과는 관련 없는 내용이다. ③ 공주 지역에서 일어난 반란으로는 김헌창의 난, 망이·망소이의 난 등이 있다.

08 [세종] ▶ ③

제시된 자료는 세종이 훈민정음을 만든 내용에 대한 것이다. ③ 조선 세종 때 중국과 아라비아의 역법을 참고로 하여 칠정산이라는 새로운 역법을 만들었다.

오답해설 ① 조선 세조 때의 일이다. ② 고려 말 공양왕 때인 1391년의 일이다. ④ 조선 성종의 업적이다.

개념정리 조선 전기 국왕들의 업적

왕	내용
태조	• 조선 국호 제정(1393), 한양 천도(1394), 경복궁 건립 • 정도전: 재상 중심의 정치 주장, 『조선경국전』·『불씨잡변』·『진도』 등 저술
태종	• 공신과 외척 세력 제거 • 6조 직계제 실시, 신문고 설치, 유향소 폐지(지방 세력 견제) • 호패법 실시: 인구 파악, 조세와 군역 부과에 활용 • 창덕궁 건립, 혼일강리역대국도지도 제작
세종	• 집현전 육성, 사가독서제 실시, 의정부 서사제 실시 • 공법 시행(연분 9등법, 전분 6등법) • 쓰시마 정벌(이종무), 4군 6진 개척(최윤덕, 김종서), 계해약조 체결 • 훈민정음 반포, 『칠정산』 편찬, 측우기·자격루·간의 등 제작 • 『삼강행실도』, 『향약집성방』, 『의방유취』, 『농사직설』 등 편찬
세조	• 6조 직계제 실시, 집현전과 경연 폐지, 유향소 폐지 • 보법 실시, 5위제 확립, 직전법 실시, 원각사와 원각사지 10층 석탑 건립
성종	• 『경국대전』 반포, 홍문관 설치, 경연 활성화, 유향소 부활, 창경궁 건립 • 『국조오례의』, 『동국여지승람』, 『동문선』, 『동국통감』 등 편찬

09 [조선 명종] ▶ ①

제시된 자료는 명종 때 발생한 임꺽정의 난과 관련된 내용이다. ① 명종 때 왜인들이 세견선이 줄어든 것에 불만을 품고 제주, 전라도 지역 등을 침입하는 을묘왜변이 일어났다.

오답해설 ② 연산군 때의 일이다. ③ 인조 때 병자호란이 발발하여 국왕과 신하들이 남한산성으로 피신하였다. ④ 선조 때의 정치 상황에 대한 설명이다.

10 [정약용] ▶ ④

제시된 자료는 정약용이 저술한 『목민심서』의 내용이다. ④ 정약용에 대한 설명이다.

오답해설 ① 한전론을 주장한 실학자로는 이익, 박지원 등이 있다. ② 효종 때 신속은 『농가집성』을 써서 벼농사 중심의 농법을 소개하고 이앙법 보급에 공헌하였다. ③ 박지원에 대한 설명이다.

11 [조선 숙종] ▶ ③

제시된 자료는 숙종 때의 안용복 사건에 대한 내용이다. ③ 숙종 때 백두산정계비를 건립하여 청과의 국경선을 확정하였다.

오답해설 ①②④ 정조가 실시한 정책이다.

12 [대동법] ▶ ③

제시된 자료는 김육이 대동법 확대 실시를 주장한 것과 관련된 내용이다. ③ 균역법 실시에 따라 장정 1명에게 매년 군포 1필을 납부하게 하였다.

오답해설 ① 대동법은 광해군 때 경기도에서 먼저 실시되었다. ② 대동법의 시행 이후 특허 상인인 공인이 등장하였다. ④ 대동법의 실시에 따라, 가호 단위로 거두던 공물을 토지 면적을 기준으로 삼아 토지 1결당 쌀 12두를 내도록 하였다.

13 [토지 조사 사업] ▶ ④

제시된 자료는 1910년대 일제가 추진한 토지 조사 사업의 목적에 대한 내용이다. ④ 1932년부터 1940년까지 실시한 농촌 진흥 운동에 대한 설명이다.

오답해설 ① 토지 조사 사업은 신고주의 원칙에 따라 실시되었다. ② 토지 조사 사업에 따라 농민의 도지권, 입회권 등은 인정되지 않았고 지주의 소유권만 인정되었다. ③ 토지 조사 사업에 따라 궁방전(대한 제국 황실 소유지), 역둔토(관유지) 등 특정 소유자가 없는 토지는 신고자가 없어 국유지의 명목으로 총독부의 소유가 되었다.

14 [한 · 일 신협약(정미 7조약)] ▶ ②

제시된 자료는 1907년에 체결한 한 · 일 신협약의 내용이다. ② 한 · 일 신협약의 체결에 따라 통감의 권한이 더욱 강화되어 법령 제정과 고위 관리 임면 등에서 통감의 승인을 얻어야 했다.

오답해설 ① 러 · 일 전쟁 중에 체결한 조약으로는 한 · 일 의정서, 1차 한 · 일 협약 등이 있다. 한 · 일 신협약은 러 · 일 전쟁이 끝난 뒤인 1907년에 체결하였다. ③④ 1905년에 체결한 을사늑약에 대한 설명이다.

개념정리 국권 피탈 과정

러 · 일 전쟁(1904. 2.)	대한 제국 대외 중립 선언(1904. 1.), 일본의 뤼순항 선제 공격
한 · 일 의정서(1904. 2.)	군사 요지(전략상 필요한 지점) 점령권, 대한 제국에 대한 충고권, 황실과 영토 보전 약속
제1차 한 · 일 협약(1904. 8.)	고문 정치 → 재정 고문(메가타), 외교 고문(스티븐스) 등
열강들의 묵인	• 7月 미국: 가쓰라 · 태프트 밀약 • 8月 영국: 제2차 영 · 일 동맹 • 9月 러시아: 포츠머스 강화 조약(러 · 일 전쟁에서 일본 승리) → 각 열강들에게 한국에 대한 지배권을 승인받음.
을사조약(1905)	통감 정치, 일본이 대한 제국의 외교권 대행, 통감부 설치(1906) → 보호국화
고종 퇴위(1907)	헤이그 특사 파견을 계기로 고종 강제 퇴위, 순종 즉위
한 · 일 신협약(1907)	• 차관 정치(일본인 차관), 통감의 권한 강화 • 부속 협약 체결(군대 해산)
신문지법과 보안법(1907)	신문지법(언론 탄압), 보안법(집회 · 결사 금지)
기유각서(1909)	사법 자주권과 감옥 사무권 빼앗김.
경찰권 박탈(1910. 6.)	대한 제국은 치안권 상실
한 · 일 병합 조약(1910. 8.)	일본이 대한 제국을 병합(국권 피탈) → 총독부 설치

15 [동학 농민 운동] ▶ ③

ⓒ 1894년 4월의 일이다. ② 1894년 5월에 동학 농민군은 조선 정부와 전주 화약을 체결하였다. ⓒ 남접과 북접은 1894년 10월에 논산에 집결하였다. ⑦ 1894년 11월 우금치 전투에 대한 설명이다.

16 [3 · 1 운동] ▶ ④

제시된 자료는 1919년 3 · 1 운동의 준비 과정을 서술한 내용이다. ④ 1929년 광주 학생 항일 운동에 대한 설명이다.

오답해설 ① 3 · 1 운동은 일본의 2 · 8 독립 선언에 영향을 받았다. ② 3 · 1 운동의 결과, 민족 독립운동의 구심체로서 대한민국 임시 정부가 수립되었다. ③ 3 · 1 운동의 결과, 일제는 통치 방식을 무단 통치에서 문화 통치로 바꾸었다.

17 [갑신정변] ▶ ②

제시된 자료는 1884년 갑신정변 당시 급진 개화파 세력이 발표한 개혁 정강의 내용이다. ② 갑신정변은 김옥균, 박영효, 홍영식 등 급진 개화파가 일으킨 사건이다.

오답해설 ① 1882년 임오군란이 일어나자 서울의 하층민까지 가담하여 군란의 규모가 더욱 커졌다. ③ 임오군란 진압 이후, 조선은 일본과 제물포 조약을 체결하였다. ④ 정부는 갑신정변 발발 이전인 1880년 통리기무아문을 설치하여 본격적으로 개화 정책을 추진하고자 하였다.

18 [신간회] ▶ ①

제시된 자료는 1927년에 조직된 신간회의 특징과 의의를 서술한 내용이다. ① 신간회는 민족의 단결, 기회주의자 배격, 정치적 각성 촉구 등을 강령으로 내세웠다.

오답해설 ② 6 · 10 만세 운동은 신간회 결성 이전인 1926년에 전개된 민족 운동이다. ③ 신민회에 대한 설명이다. ④ 독립 의군부 등에 대한 설명이다.

19 [정부 수립 과정] ▶ ①

(가) 카이로 선언은 1943년에 발표하였고, (나) 1차 미 · 소 공동 위원회는 1946년 3월에 개최되었다. ① 1946년 10월 좌 · 우 합작 위원회에서 좌 · 우 합작 7원칙을 발표하였다.

오답해설 ② 1945년 12월의 일이다. ③ 1945년 8월에 여운형, 안재홍 등을 중심으로 조선 건국 준비 위원회가 조직되었다. ④ 1945년 9월 맥아더 포고령에 의거해 38도선이 설정되고, 미 · 소 양군이 진주함에 따라 남북한에서는 각각 미군과 소련군에 의한 군정이 실시되었다.

20 [조선어 학회] ▶ ②

② 최현배, 이극로 등이 중심이 된 조선어 학회는 '표준어 및 외래어 표기법 통일안'을 제정하는 등 한글 표준화에 기여했으며, 우리말 큰 사전을 편찬하고자 하였다(조선어 학회 사건으로 인해 중단).

오답해설 ① 진단 학회는 이병도 등이 조직한 한국사 연구 단체이다. ③ 국문 연구소는 1907년 정부에서 우리말 연구를 위해 조직한 단체이다. ④ 조선어 연구회는 1921년에 조직된 단체로, 가갸날을 제정하는 등 한글 보급과 연구를 위해 노력하였다.

주제 1	[기출필수코드3★] 삼국의 정치적 발전과 삼국 통일 15지방직(2), 16지방직(2), 17지방직(하), 18지방직, 19지방직, 20지방직(2), 21지방직(2), 22지방직(3), 23지방직 15회
주제 2	[기출필수코드46★] 고대·중세의 승려 15지방직(2), 16지방직, 17지방직, 18지방직, 19지방직(2), 21지방직, 23지방직, 24지방직 11회
주제 3	[기출필수코드37★] 대한민국 정부 수립 과정(+6·25 전쟁) 15지방직, 17지방직(2), 20지방직, 21지방직, 22지방직, 23지방직(2) 8회
주제 4	[기출필수코드2★] 여러 나라의 성장(+고조선) 15지방직, 17지방직(2), 19지방직, 20지방직, 21지방직, 24지방직 7회
주제 5	[기출필수코드54] 유네스코 세계·기록 유산과 주요 문화재 15지방직, 17지방직(하), 18지방직, 20지방직(2), 23지방직, 24지방직 7회
주제 6	[기출필수코드26] 독립 협회와 대한 제국 17지방직, 18지방직, 19지방직, 20지방직, 22지방직, 24지방직(2) 7회
주제 7	[기출필수코드11★] 무신 정변과 고려의 대외 관계 16지방직, 20지방직, 21지방직(2), 22지방직, 23지방직 6회
주제 8	[기출필수코드15★] 조선 시대의 붕당(+예송 논쟁) 15지방직, 16지방직, 18지방직, 20지방직, 23지방직, 24지방직 6회
주제 9	[기출필수코드21★] 흥선 대원군(+병인양요·신미양요) 15지방직, 17지방직(하), 19지방직, 21지방직(2), 24지방직 6회
주제 10	[기출필수코드33, 기출필수코드34★] 신간회(+1920년대의 국내 민족 운동) 16지방직, 17지방직(하), 20지방직, 21지방직, 23지방직, 24지방직 6회
주제 11	[기출필수코드1★] 선사 시대 16지방직, 17지방직, 18지방직, 23지방직, 24지방직 5회
주제 12	[기출필수코드18★, 기출필수코드19] 고대의 제도사 17지방직(2), 18지방직(2), 24지방직 5회
주제 13	[기출필수코드13★] 조선 전기 국왕의 업적 17지방직(하), 19지방직, 20지방직, 22지방직, 23지방직 5회
주제 14	[기출필수코드17★] 조선의 대외 관계(+양난의 극복) 15지방직, 17지방직, 18지방직, 19지방직, 23지방직 5회
주제 15	[기출필수코드16★] 영·정조의 정책(+숙종) 16지방직, 20지방직, 21지방직, 22지방직, 23지방직 5회
주제 16	[기출필수코드49★] 실학 17지방직, 18지방직, 20지방직, 21지방직, 24지방직 5회
주제 17	[기출필수코드35★] 의열단·한인 애국단 17지방직(하), 18지방직, 19지방직, 22지방직, 24지방직 5회
주제 18	[기출필수코드56] 근대·일제 강점기의 문화 17지방직, 18지방직, 20지방직, 23지방직(2) 5회
주제 19	[기출필수코드57] 현대의 경제 15지방직, 16지방직, 17지방직(하), 19지방직, 24지방직 5회
주제 20	[기출필수코드20] 지역사 17지방직(2), 18지방직, 21지방직, 23지방직 5회
주제 21	[기출필수코드8★] 고려 전기 국왕의 업적 19지방직, 20지방직, 22지방직, 24지방직 4회
주제 22	[기출필수코드50★] 고려 시대 역사서 16지방직, 21지방직, 22지방직, 23지방직 4회
주제 23	[기출필수코드41] 조선 후기의 수취 제도 15지방직, 16지방직, 17지방직(하), 24지방직 4회
주제 24	[기출필수코드45] 근대 태동기의 사회 15지방직, 16지방직, 19지방직, 24지방직 4회
주제 25	[기출필수코드30, 기출필수코드31, 기출필수코드32★] 3·1 운동과 임시 정부 16지방직, 19지방직, 21지방직, 24지방직 4회
주제 26	[기출필수코드7★] 발해 15지방직, 20지방직, 22지방직 3회
주제 27	[기출필수코드18★, 기출필수코드19] 고려의 제도사 18지방직(2), 21지방직 3회
주제 28	[기출필수코드12★] 고려 후기의 정치 변동 20지방직, 22지방직, 24지방직 3회
주제 29	[기출필수코드18★] 조선의 정치 제도 17지방직, 21지방직, 23지방직 3회
주제 30	[기출필수코드50★] 조선 후기의 역사서 15지방직, 18지방직, 22지방직 3회
주제 31	[기출필수코드52] 전근대 과학 기술 16지방직, 19지방직, 24지방직 3회
주제 32	[기출필수코드22] 위정척사와 개화 17지방직, 20지방직, 23지방직 3회
주제 33	[기출필수코드24, 기출필수코드25] 동학과 갑오·을미개혁 15지방직, 16지방직, 24지방직 3회
주제 34	[기출필수코드36★] 무장 독립 전쟁의 전개 18지방직, 20지방직, 23지방직 3회
주제 35	[기출필수코드55] 근대·일제 강점기의 경제·사회 18지방직, 22지방직, 23지방직 3회
주제 36	대한민국 개헌 과정 17지방직(상), 20지방직, 22지방직 3회

주제 1	[기출필수코드41, 기출필수코드43] 통일 신라의 경제 16지방직, 17지방직(2), 19지방직 4회
주제 2	[기출필수코드29★] 일제의 식민 통치와 경제 수탈 15지방직(2), 16지방직, 19지방직 4회
주제 3	[기출필수코드42, 기출필수코드43] 중세의 경제 15지방직, 17지방직(2) 3회
주제 4	[기출필수코드27★] 국권 피탈 17지방직, 18지방직, 21지방직 3회
주제 5	[기출필수코드42] 고려·조선의 토지 제도 15지방직, 17지방직(하) 2회
주제 6	[기출필수코드22] 개항과 근대적 조약 19지방직, 20지방직 2회

2025 공무원 시험 대비 적중동형 모의고사 제1회~제10회
한국사 빠른 정답 찾기

제1회

01 ②	02 ②	03 ④	04 ④	05 ②	06 ①	07 ②	08 ①	09 ④	10 ②
11 ②	12 ②	13 ④	14 ③	15 ④	16 ④	17 ③	18 ③	19 ③	20 ①

제2회

01 ④	02 ①	03 ①	04 ②	05 ①	06 ③	07 ③	08 ②	09 ④	10 ②
11 ①	12 ④	13 ①	14 ①	15 ④	16 ④	17 ③	18 ①	19 ③	20 ④

제3회

01 ③	02 ①	03 ②	04 ②	05 ③	06 ②	07 ④	08 ③	09 ①	10 ②
11 ③	12 ②	13 ③	14 ②	15 ④	16 ③	17 ①	18 ②	19 ①	20 ②

제4회

01 ①	02 ④	03 ③	04 ④	05 ③	06 ①	07 ③	08 ③	09 ④	10 ④
11 ②	12 ④	13 ④	14 ③	15 ③	16 ①	17 ②	18 ②	19 ④	20 ②

제5회

01 ①	02 ②	03 ①	04 ①	05 ①	06 ①	07 ④	08 ③	09 ①	10 ①
11 ②	12 ④	13 ①	14 ③	15 ①	16 ②	17 ③	18 ③	19 ③	20 ①

제6회

01 ③	02 ②	03 ①	04 ③	05 ③	06 ③	07 ③	08 ④	09 ①	10 ①
11 ②	12 ③	13 ④	14 ④	15 ④	16 ①	17 ①	18 ④	19 ④	20 ②

제7회

01 ②	02 ④	03 ③	04 ④	05 ④	06 ②	07 ②	08 ③	09 ①	10 ①
11 ②	12 ①	13 ①	14 ②	15 ①	16 ④	17 ③	18 ④	19 ③	20 ③

제8회

01 ①	02 ②	03 ④	04 ④	05 ③	06 ④	07 ③	08 ④	09 ①	10 ④
11 ①	12 ③	13 ③	14 ②	15 ④	16 ④	17 ②	18 ③	19 ③	20 ①

제9회

01 ③	02 ④	03 ②	04 ④	05 ③	06 ③	07 ①	08 ④	09 ③	10 ③
11 ③	12 ①	13 ④	14 ④	15 ④	16 ④	17 ④	18 ③	19 ②	20 ①

제10회

01 ③	02 ③	03 ②	04 ④	05 ④	06 ①	07 ④	08 ④	09 ①	10 ④
11 ③	12 ③	13 ④	14 ②	15 ④	16 ④	17 ②	18 ④	19 ①	20 ②

2025 공무원 시험 대비

적중동형 봉투모의고사

Vol. 2

한국사

❚ 제6회 ~ 제10회 ❚

합격까지
박문각

2025 공무원 시험 대비 적중동형 모의고사
한국사
▮ 제6회 ▮

응시번호		문제책형
성 명		

제1과목	국어	제2과목	영어	제3과목	한국사
제4과목		제5과목			

응시자 주의사항

1. **시험시작 전 시험문제를 열람하는 행위나 시험종료 후 답안을 작성하는 행위를 한 사람은 「지방공무원 임용령」 제65조 등 관련 법령에 의거 부정행위자로** 처리됩니다.
2. 시험이 시작되면 문제를 주의 깊게 읽은 후, **문항의 취지에 가장 적합한 하나의 정답만을 고르며**, 문제내용에 관한 질문은 할 수 없습니다.
3. **답안은 문제책 표지의 과목 순서에 따라 답안지에 인쇄된 순서에 맞추어 표기**해야 하며, 과목순서를 바꾸어 표기한 경우에도 문제책 표지의 과목 순서대로 채점되므로 유의하시기 바랍니다.
4. 법령, 고시, 판례 등에 관한 문제는 **2025년 4월 30일 현재 유효한 법령, 고시, 판례 등을 기준**으로 정답을 구해야 합니다. 다만, 개별 과목 또는 문항에서 별도의 기준을 적용하도록 명시한 경우에는 그 기준을 적용하여 정답을 구해야 합니다.
5. **시험시간 관리의 책임은 응시자 본인에게 있습니다.**

   ※ 문제책은 시험종료 후 가지고 갈 수 있습니다.

정답공개 및 이의제기 안내

1. 정답공개 일시: 정답가안 6.21.(토) 14:00 / 최종정답 6.30.(월) 18:00
2. 정답공개 방법: 사이버국가고시센터(www.gosi.kr) ➡ [시험문제 / 정답 → 문제 / 정답 안내]
3. 이의제기 기간: 6.21.(토) 18:00 ~ 6.24.(화) 18:00
4. 이의제기 방법
   - 사이버국가고시센터 ➡ [시험문제 / 정답 → 정답 이의제기]
   - 구체적인 이의제기 방법은 정답가안 공개 시 공지 예정

한 국 사

1. 밑줄 친 '정부' 때의 사실로 옳은 것은?

> 동유럽 사회주의 정권이 몰락하고 소련이 해체되면서 냉전 체제가 무너지기 시작했다. 또한 국내에서는 민간 차원의 통일 운동이 점차 활발해졌다. 이러한 상황에서 당시 정부는 동유럽과 아시아의 사회주의 국가들에게 문호를 개방하였고, 남북 대화도 다시 시작하였다.

① 금 모으기 운동이 일어났다.
② 조선 총독부 건물을 철거하였다.
③ 남북한이 동시에 유엔에 가입하였다.
④ 지방 자치 단체장 선거를 실시하였다.

2. 다음 (가)에 대한 설명으로 옳은 것은?

> 정부가 공포한 군사 조직법에 의거하여 … 　(가)　을/를 조직하고 … 공동의 적인 일본 제국주의자들을 타도하기 위해 연합군의 일원으로 항전을 계속한다. … 이때 우리는 큰 희망을 갖고 우리 조국의 독립을 위해 우리의 전투력을 강화할 시기가 왔다고 확신한다.

① 자유시 참변으로 피해를 입었다.
② 미국 전략 정보국(OSS)과 연합하였다.
③ 대전자령 전투에서 일본군을 격파하였다.
④ 중국 관내에서 조직된 최초의 한국인 군사 조직이다.

3. 다음 취지문을 발표한 단체로 옳은 것은?

> 우리는 운동상(運動上) 실천으로부터 배운 것이 있으니 우리가 실지로 우리 자체를 위하여 우리 사회를 위하여 분투하려면 우리 조선 자매 전체의 역량을 공고히 단결하여 운동을 전반적으로 전개하지 아니하면 아니된다. 일어나라! 오너라! 단결하자! 분투하자! 조선의 자매들아! 미래는 우리의 것이다.

① 근우회　　　　　　　② 정우회
③ 찬양회　　　　　　　④ 송죽회

4. 다음 역사적 사실들을 순서대로 바르게 나열한 것은?

> ㉠ 국민 정신 총동원 조선 연맹을 조직하였다.
> ㉡ 군량미 확보를 위해 미곡 공출제를 실시하였다.
> ㉢ 병력 부족을 해소하기 위해 징병제를 도입하였다.
> ㉣ 자력갱생을 내세우며 농촌 진흥 운동을 시작하였다.

① ㉠-㉡-㉣-㉢　　　　② ㉠-㉣-㉡-㉢
③ ㉣-㉠-㉡-㉢　　　　④ ㉣-㉠-㉢-㉡

5. 다음 민족 운동과 관련된 내용으로 가장 적절한 것은?

> 보아라! 우리의 먹고 입고 쓰는 것이 거의 다 우리의 손으로 만든 것이 아니었다. 이것이 세상에 제일 무섭고 위태한 일인 줄을 오늘에야 우리는 깨달았다. 피가 있고 눈물이 있는 형제자매들아, 우리가 서로 붙잡고 서로 의지하여 살고서 볼 일이다.

① 통감부의 탄압과 방해로 실패하였다.
② 대구에서 시작되어 전국으로 확산되었다.
③ 사회주의자들은 자본가 계급의 이익만을 추구한다고 비판하였다.
④ 우리 민족의 힘으로 고등 교육 기관인 대학을 설립하려고 하였다.

6. 밑줄 친 '이 단체'에 대한 설명으로 옳은 것은?

> 이 단체는 국권 회복과 공화정에 입각한 독립 국가 수립이라는 목적을 가지고 비밀리에 조직되었다. 회원은 전국에 걸쳐 800여 명에 이르렀으며, 서북 지방의 기독교인이 다수를 차지하였다. 이들은 교육, 언론 및 출판, 민족 산업 육성 등 폭넓은 활동을 전개했다.

① 통감부에 의해 강제 해산당하였다.
② 점차 친일적인 단체로 변질되었다.
③ 양기탁, 이동녕, 이승훈 등이 참여하였다.
④ 보국안민을 내세우며 대규모 집회를 열었다.

7. 밑줄 친 '이 시대'에 대한 설명으로 옳은 것은?

> 이 시대의 사람들은 돌괭이, 돌삽, 돌보습을 사용하여 농사를 짓기 시작했으며, 덧무늬 토기에 음식을 보관하였다. 또한, 가락바퀴와 뼈바늘을 가지고 그물이나 옷을 제작했으며 치레걸이와 조개껍데기 가면을 만들기도 하였다.

① 금속제 무기를 사용하였다.
② 대부분 동굴이나 막집에서 살았다.
③ 혈연 중심의 씨족 사회가 구성되었다.
④ 목책과 환호로 외부 침입에 대비하였다.

8. 다음 시기에 집권했던 국왕 때의 사실로 옳은 것은?

> 송시열은 산림의 영수로서 나라의 형세가 고단하고 약하여 인심이 물결처럼 험난한 때에 감히 송의 철종을 끌어대어 오늘날 원자의 명호를 정한 것이 너무 이르다고 하였으니, 이런 것을 그대로 두면 무도한 무리들이 장차 연달아 일어날 것이니 당연히 멀리 내쫓아야 할 것이다.

① 남인과 시파 세력들이 정계에서 축출되었다.
② 이인좌가 청주에서 대규모 반란을 일으켰다.
③ 자유로운 상공업 발전을 위해 공장안을 폐지하였다.
④ 상평통보가 법화로 제정되고 전국적으로 유통되었다.

9. 밑줄 친 '이 사건'에 대한 설명으로 가장 적절한 것은?

> 이 사건 이후 청은 조선에 대한 내정 간섭을 강화하고 경제적 침투를 본격화하기 시작하였다. 특히, 이 사건을 계기로 체결된 조·청 상민 수륙 무역 장정에 따라 청의 조선에 대한 무역량은 해마다 증가하였다.

① 별기군의 일본인 교관이 살해되었다.
② 청나라와 일본은 톈진 조약을 체결하였다.
③ 김윤식을 청에 영선사로 파견하는 계기가 되었다.
④ 청군과 일본군이 각각 아산만과 제물포에 상륙하였다.

10. 다음 시기의 경제 모습으로 옳지 않은 것은?

> 이 시기, 전국에 1,000여 개의 장시가 개설되었다. 이 중에서도 광주 송파장, 은진 강경장, 덕원 원산장 등은 전국적인 유통망을 연결하는 상업의 중심지로 발돋움하였다. 일부 장시는 상설 시장이 되기도 했으며, 인근의 장시와 연계하여 지역 시장권을 형성하였다.

① 목화가 처음 전래되었다.
② 도매 상인인 도고가 활동하였다.
③ 모내기법이 전국으로 확산되었다.
④ 개시 무역과 후시 무역이 이루어졌다.

11. 다음 (가)에 대한 설명으로 옳은 것은?

> 고려 후기, 성리학을 사회 개혁을 위한 정치 이념으로 받아들인 신진 사대부들은 현실적인 사회 윤리를 강조하면서 불교의 비현실적 면을 공격하였다. 특히, (가)은/는 현실과 떨어진 불교 자체의 비윤리적 성격을 비판하였고, 불교를 배척하는 이론서로『불씨잡변』을 저술하였다.

①『경제육전』을 편찬하였다.
② 재상 중심의 정치를 주장하였다.
③ 고려에 성리학을 처음 소개하였다.
④ 공민왕 때 성균관 대사성으로 임명되었다.

12. (가)에 들어갈 정치 기구에 대한 설명으로 옳은 것은?

> (가) 을/를 설치하고 2군 6위의 상장군, 대장군이 모두 여기에 모여 회의하게 하였다. 의종, 명종 이래로 (가) 의 권한은 더욱 커졌다.

① 경대승에 의해 처음 설치되었다.
② 충렬왕 때 도평의사사로 개편되었다.
③ 무신의 최고 회의 기구 역할을 하였다.
④ 최충헌이 집권하면서 권력의 핵심 기구가 되었다.

13. 밑줄 친 '그'에 대한 설명으로 옳은 것은?

> 진평왕 때 진골 귀족 가문에서 태어난 그는 출가한 후 당나라에 건너가 지엄의 밑에서 화엄종을 공부하였다. 10년에 가까운 유학 시절을 보내고 귀국한 그는 화엄종을 강의하면서 여러 제자를 양성하였다.

① 계율종을 개창하였다.
② 아미타 신앙을 직접 전도하였다.
③ 호족 세력의 적극적인 후원을 받았다.
④ 부석사를 비롯한 여러 사원을 건립하였다.

14. 다음 역사적 사건에 대한 내용으로 옳은 것은?

> 국력이 더욱 커진 후금은 국호를 청으로 바꾸고, 조선을 압박하여 임금과 신하의 관계를 맺을 것을 요구해 왔다. 조선 정부가 이를 거절하자, 청의 태종은 10여만 명의 군대를 동원하여 다시 쳐들어왔다.

① 정봉수와 이립이 의병을 이끌고 활약하였다.
② 신립이 탄금대에 배수진을 치고 항전하였다.
③ 광해군의 복수를 하겠다는 명분으로 침입하였다.
④ 소현 세자와 봉림 대군이 청에 인질로 끌려갔다.

15. 다음 시기에 집권했던 고구려 국왕에 대한 설명으로 옳은 것은?

> 고구려 군대가 밀어닥치자 왕은 아들 문주에게 말하기를, "내가 어리석고 현명치 못하여 간사한 놈의 말을 믿고 쓰다가 이 지경에 이르렀다. 나는 마땅히 사직에서 죽어야 하지만 네가 여기에 있다가 함께 죽임을 당하는 것은 도움이 안 되니 피난하여 종묘사직을 보존하는 것이 마땅하다."라고 하였다. 문주가 이에 남쪽으로 달아났다.

① 전연 모용황의 공격을 받았다.
② 낙랑군과 대방군을 축출하였다.
③ 기병 5만을 보내 신라를 구원하였다.
④ 적극적으로 남진 정책을 추진하였다.

16. 밑줄 친 사건 이후에 전개된 사실로 옳지 않은 것은?

> 러시아와 조선 왕실이 굳게 손잡고 온갖 음모를 추진하고 있는 것에 대해서는 문자 그대로 일도양단, 한쪽의 손을 잘라내어 양쪽이 서로 손을 잡지 못하게 하는 것 외에는 수가 없었다. 바꾸어 말하면 왕실의 중심 인물인 민비를 제거함으로써 러시아와 조선의 결탁을 근본적으로 파괴하는 수밖에 다른 좋은 방법이 없었다.

① 군국기무처가 설치되었다.
② 정부는 단발령을 시행하였다.
③ 이소응 등 유생들이 의병을 일으켰다.
④ 고종이 러시아 공사관으로 피신하였다.

17. 밑줄 친 행정 구역의 거주민에 대한 설명으로 옳지 않은 것은?

> 유청신은 고이부곡 사람으로 그 선대가 모두 부곡의 벼슬아치였다. 부곡의 벼슬아치는 비록 공이 있어도 5품직을 넘지 못하는데 … 충렬왕이 명을 내리기를 "유청신은 힘을 다해 공을 세웠다. … 아울러 고이부곡을 승격시켜 고흥현으로 삼는다."라고 하였다.

① 이곳의 주민은 신분상 천민에 속하였다.
② 다른 지역으로 이주하는 것이 금지되었다.
③ 국자감 입학, 과거 응시 등은 불가능했다.
④ 다른 지역보다 더 많은 세금을 부담하였다.

18. 다음 빈칸에 들어갈 국왕 때의 사실로 옳은 것은?

> ○○ 때에 거란의 침입을 받았던 고려는 부처의 힘을 빌려 이를 물리치려고 대장경을 간행하였다. 70여 년의 오랜 기간에 걸쳐 목판에 새겨 간행한 이 초조대장경은 몽골 침입 때에 불타 버리고 인쇄본 일부가 남아 고려 인쇄술의 정수를 보여 주고 있다.

① 연등회와 팔관회가 부활하였다.
② 외척인 이자겸이 권력을 장악하였다.
③ 의천의 건의로 주전도감을 설치하였다.
④ 불교를 장려하여 흥왕사를 건립하였다.

19. 다음 역사적 사실들을 순서대로 바르게 나열한 것은?

> ㉠ 신라에 계림 도독부가 설치되었다.
> ㉡ 신라는 사비성에 소부리주를 설치하였다.
> ㉢ 평양성이 함락되면서 남산이 항복하였다.
> ㉣ 계백의 결사대가 황산벌 전투에서 패배하였다.

① ㉠-㉢-㉣-㉡
② ㉠-㉣-㉢-㉡
③ ㉣-㉠-㉡-㉢
④ ㉣-㉠-㉢-㉡

20. 다음 자료와 관련된 국가의 문화재로 옳지 않은 것은?

> 만백성의 인심을 얻으려면 봄에 밭을 갈고 여름에 김을 매고 가을에 걷어 들이는 시기를 빼앗지 않는 것 뿐이다. 12목 및 여러 주와 진의 지방 관리들은 지금부터 가을에 이르기까지 여러 가지 잡무를 보는 것을 다 그만두고 오로지 농사를 장려하는 데에만 힘쓰도록 하라.

① 고달사지 승탑
② 원각사지 10층 석탑
③ 관촉사 석조 미륵보살 입상
④ 부석사 소조 아미타여래 좌상

수고하셨습니다.
당신의 합격을 응원합니다.

합격까지

2025 공무원 시험 대비 적중동형 모의고사
한국사

▌ 제7회 ▐

응시번호			문제책형
성 명			

제1과목	국어	제2과목	영어	제3과목	한국사
제4과목		제5과목			

응시자 주의사항

1. **시험시작 전 시험문제를 열람하는 행위나 시험종료 후 답안을 작성하는 행위를 한 사람**은 「지방공무원 임용령」 제65조 등 관련 법령에 의거 **부정행위자**로 처리됩니다.
2. 시험이 시작되면 문제를 주의 깊게 읽은 후, **문항의 취지에 가장 적합한 하나의 정답만을 고르며**, 문제내용에 관한 질문은 할 수 없습니다.
3. **답안은 문제책 표지의 과목 순서에 따라 답안지에 인쇄된 순서에 맞추어 표기**해야 하며, 과목 순서를 바꾸어 표기한 경우에도 문제책 표지의 과목 순서대로 채점되므로 유의하시기 바랍니다.
4. 법령, 고시, 판례 등에 관한 문제는 **2025년 4월 30일 현재 유효한 법령, 고시, 판례 등을 기준**으로 정답을 구해야 합니다. 다만, 개별 과목 또는 문항에서 별도의 기준을 적용하도록 명시한 경우에는 그 기준을 적용하여 정답을 구해야 합니다.
5. **시험시간 관리의 책임은 응시자 본인에게 있습니다.**
   ※ 문제책은 시험종료 후 가지고 갈 수 있습니다.

정답공개 및 이의제기 안내

1. 정답공개 일시: 정답가안 6.21.(토) 14:00 / 최종정답 6.30.(월) 18:00
2. 정답공개 방법: 사이버국가고시센터(www.gosi.kr) ➡ [시험문제 / 정답 → 문제 / 정답 안내]
3. 이의제기 기간: 6.21.(토) 18:00 ~ 6.24.(화) 18:00
4. 이의제기 방법
   ■ 사이버국가고시센터 ➡ [시험문제 / 정답 → 정답 이의제기]
   ■ 구체적인 이의제기 방법은 정답가안 공개 시 공지 예정

한 국 사

1. 밑줄 친 '이 나라'에 대한 설명으로 옳은 것은?

> 이 나라는 5부족 연맹을 토대로 발전하였다. 왕 아래 상가, 고추가, 대로, 패자 등의 대가들이 있었고, 각 부의 대가들은 사자, 조의, 선인 등을 거느렸다.

① 한나라의 공격으로 멸망하였다.
② 집집마다 부경이라는 창고를 두었다.
③ 매년 12월에 영고라는 제천 행사를 열었다.
④ 단궁, 과하마, 반어피 등의 특산물이 있었다.

2. 밑줄 친 '왕'의 업적으로 옳은 것은?

> 고구려가 군사를 동원하여 공격해 왔다. 왕이 이를 듣고 패하(浿河)에 복병을 배치하고 그들이 오기를 기다렸다가 불시에 공격하였다. 고구려 군사가 패배하였다. 겨울에 왕이 태자와 함께 정예군 3만 명을 거느리고 고구려에 침입하여 평양성을 공격하였다. 고구려왕 사유가 힘을 다해 싸워 이를 막았으나 날아오는 화살에 맞아 죽었다.

① 불교를 수용하였다.
② 관등제를 정비하였다.
③ 웅진으로 수도를 옮겼다.
④ 산둥과 규슈 지방에 진출하였다.

3. 밑줄 친 '왕'의 업적으로 옳은 것은?

> 왕이 북한산에 순행하여 강역을 확장하고 국경을 정하였다. 11월에 왕이 북한산에서 돌아왔는데, 지나온 주군에 교(敎)를 내려 1년간의 조세를 면제해 주고 해당 지역의 죄수 중 강도와 절도를 제외하고는 모두 풀어 주었다. … 국원을 소경으로 삼았다. … 신주(新州)를 폐지하고 북한산주를 설치하였다.

① 금관가야를 정복하였다.
② 동시전을 두어 시장을 감독하였다.
③ 개국·대창 등의 연호를 사용하였다.
④ 백제를 견제하기 위해 전진과 수교하였다.

4. 밑줄 친 '이 지역'에 대한 설명으로 옳은 것은?

> 5·10 총선거를 앞두고, 이 지역에서는 단독 정부 수립에 반대하는 세력과 경찰이 충돌하여 무고한 양민들이 많이 희생되었다. 정부는 이 사건을 진압하기 위해 여수와 순천 지역의 군대를 보내기로 하였다. 그러나 군대 안의 좌익 세력들이 출동을 거부하고 반란을 일으켰는데, 이를 여수·순천 10·19 사건이라고 한다.

① 영국이 2년간 무단으로 점령하였다.
② 정제두를 중심으로 양명학파가 성립하였다.
③ 고려 시대, 풍수지리설의 영향으로 남경이 설치되었다.
④ 삼별초는 진도에서 이 지역으로 옮겨 계속 항쟁하였다.

5. 다음 (가), (나) 신분에 대한 설명으로 옳지 않은 것은?

> 골품은 개인의 신분뿐만 아니라 친족의 등급을 나타내는 것으로, 개인의 정치·사회적 활동 범위는 물론 일상생활까지 규제하였다. (가) 은/는 승진에 제한이 없어 최고 관등까지 오를 수 있었지만, (나) 은/는 아찬(6관등)까지만 승진할 수 있었다.

① (가)는 갈문왕으로 봉해질 수 있는 신분이었다.
② (나)는 신라 중대에 왕의 정치적 조언자로 활동하였다.
③ (나)는 지방에서 성장한 세력으로, 성을 쌓고 군대를 보유하였다.
④ (가)는 자색, 비색, 청색, 황색의 공복을 입을 수 있었다.

6. 다음 자료의 토지 제도에 대한 설명으로 옳은 것은?

> 대체로 경성(京城)에 살면서 왕실을 보위하는 자는 현직과 산직을 따지지 않고 저마다 등급에 따라 토지를 받는다. … 토지를 받은 자가 죽은 후에 그 아내가 자식이 있고 수절하는 경우는 남편의 과에 해당하는 토지 전부를 전해 받으며 자식이 없이 수절하는 경우는 절반을 전해 받는다. 본래부터 수절한 자가 아니라면 이 조항에서 제외된다.

① 인품과 관품을 고려하여 지급하였다.
② 경기 지방에 한정하여 지급하는 것이 원칙이었다.
③ 전란으로 재정이 악화되자 녹봉 대신 지급한 토지였다.
④ 개국 공신에게 행실, 공로를 기준으로 토지를 지급하였다.

7. 다음 (가)에 들어갈 국왕의 업적으로 옳은 것은?

> 만권당은 (가) 이/가 왕위를 아들에게 물려주고 원의 대도(북경)에 머물면서 자신의 집에 세운 서재이자 독서당이다. 남송 출신 원의 유학자들이 이곳에서 학문을 닦았고, 이제현은 (가) 의 시종 신하로 머물면서 이들과 교유하였다.

① 묘청의 난을 진압하였다.
② 소금 전매제를 실시하였다.
③ 원에 요청해 동녕부를 돌려받았다.
④ 내정 간섭 기구인 정동행성 이문소를 혁파하였다.

8. 밑줄 친 '그'에 대한 설명으로 옳지 않은 것은?

> 왜구가 함주(咸州) 등지에 침입하였다. 찬성사 심덕부 등이 크게 패하자, 그가 가서 물리치겠다고 자청하였다. … 몸소 사졸들의 선두에 서서 공격하니, 향하는 곳마다 적이 쓰러졌다. 이에 적의 무리가 무너져 한 사람도 도망한 자가 없었다. 우왕이 그에게 정원십자공신(定遠十字功臣)의 칭호를 내렸다.

① 홍건적을 물리치고 개경을 탈환하였다.
② 육지에서 왜구를 여러 차례 격퇴하였다.
③ 진포 전투에서 많은 왜구의 배를 불태웠다.
④ 위화도에서 군사를 돌려 최영을 제거하였다.

9. (가)~(라) 시기에 들어갈 역사적 사실로 옳지 않은 것은?

(가)	(나)	(다)	(라)	
서희의 외교 담판	귀주 대첩	천리장성 완공	동북 9성 축조	강화 천도

① (가) - 사학 12도가 성행하였다.
② (나) - 개경에 나성을 쌓았다.
③ (다) - 국자감에 서적포를 두었다.
④ (라) - 김부식이 『삼국사기』를 편찬하였다.

10. 다음 역사적 사건이 있었던 국왕 통치기에 일어난 사건으로 옳은 것은?

> 이덕응이 자백하기를, "평소 대윤·소윤에 휘말리지 않으려고 조심하였는데, 그들과 함께 모반을 꾸민다는 것은 말도 안 됩니다."라고 하였다. 계속 추궁하자 그는, "윤임이 제게 이르되 경원대군이 왕위에 올라 윤원로가 권력을 잡게 되면 자신의 집안은 멸족될 것이니 봉성군을 응립하자고 하였습니다."라고 실토하였다.

① 임꺽정의 난   ② 홍경래의 난
③ 장길산의 난   ④ 이인좌의 난

11. 다음 조약에 대한 설명으로 옳은 것은?

> 조선국 부산 초량항에는 일본 공관이 세워져 오랫동안 두 나라 인민이 통상하는 구역이 되었다. … 새로 세운 조관에 의거해 무역 사무를 처리한다. 또 조선국 정부는 … 두 곳의 항구를 추가로 개방해 일본국 인민이 오가면서 통상하게 하며, 해당 지역에 나아가 땅을 빌리거나 집을 짓고 혹은 사람들이 살고 있는 집에 임시로 살고자 한다면 각각 그 편의를 따라 들어주도록 한다.

① 거중 조정 조항이 있었다.
② 일본의 영사 재판권을 허용하였다.
③ 양곡의 무제한 유출을 규정하였다.
④ 일본 공사관의 경비병 주둔을 허용하였다.

12. 밑줄 친 기구에서 추진된 개혁에 대한 설명으로 옳은 것은?

> 군국기무처는 입법과 정책 결정 기관의 기능을 수행하였는데, 김홍집·어윤중 등 온건 개화파 인사들이 주도하였다. 약 3개월 동안 210건의 개혁안을 처리했는데, 지방에 선유사를 파견하여 개혁의 취지를 농민군에게 설득하였다.

① 궁내부를 신설하였다.
② 구본신참에 입각한 개혁을 추진하였다.
③ 의정부와 삼군부의 기능을 회복하였다.
④ 금 본위제와 중앙은행의 창립을 추진하였다.

13. 빈칸에 들어갈 의병 운동에 대한 내용으로 옳은 것은?

> <○○의병>
> • 원인 : 고종의 강제 퇴위, 군대 해산
> • 대표 의병장 : 이인영, 허위, 홍범도 등

① 서울 진공 작전을 전개하였다.
② 을사조약의 폐기를 주장하였다.
③ 최익현, 민종식 등이 활약하였다.
④ 고종의 권고를 받아 대부분 해산하였다.

14. 밑줄 친 '그'에 대한 설명으로 옳은 것은?

> 그는 유교 구신론을 주장하여 새로운 유교 정신을 강조하였다. 그리고 신채호와 함께 민족 의식을 강조하는 민족주의 사학을 발전시켰으며, 『한국통사』와 『한국독립운동지혈사』를 저술하여 일제의 불법적인 침략을 규탄하였다.

① 「조선 혁명 선언」을 집필하였다.
② 민족혼을 유지할 것을 강조하였다.
③ 유물 사관을 토대로 식민 사관을 비판하였다.
④ 진단 학회를 창립하여 우리 역사를 연구하였다.

15. 밑줄 친 법령이 제정된 이후에 실시된 일제의 정책으로 옳지 않은 것은?

> 일제는 치안 유지법을 만들어 일본의 국체(천황제)를 부정하거나 사유 재산 제도를 부정하는 사상과 그런 목적으로 조직을 만드는 이들을 탄압하였다. 이는 조선의 독립운동과 공산주의 운동 탄압에도 적극 활용되었다.

① 조선 식산 은행을 설립하였다.
② 관공서에서 조선어 사용을 금지하였다.
③ 동아일보 등 한글 신문이 발행되었다.
④ 쌀·잡곡에 대한 배급 제도와 공출 제도가 실시되었다.

16. 다음 자료의 역사서에 대한 설명으로 옳은 것은?

> 삼국사에서 신라를 으뜸으로 한 것은 신라가 가장 먼저 건국했고, 뒤에 고구려와 백제를 통합하였으며, 또 고려는 신라를 계승하였으므로 편찬한 것이 모두 신라의 남은 문적(文籍)을 근거로 했기 때문이다. … 고구려의 강대하고 현저함은 백제에 비할 바가 아니며, 신라가 차지한 땅은 남쪽의 일부에 불과할 뿐이다. 그러므로 김씨는 신라사에 쓰여진 고구려 땅을 근거로 했을 뿐이다.

① 남북국이라는 용어를 처음 사용하였다.
② 조선의 역사를 기사본말체로 서술하였다.
③ 500여 종의 다양한 외국 자료를 반영하였다.
④ 고조선부터 고려 말까지의 역사를 정리하였다.

17. 밑줄 친 '이 의거'를 일으킨 단체에 대한 설명으로 옳은 것은?

> 이 의거가 일어나자 중국의 상하이와 칭다오에서 발행되는 '민국일보'는 이를 보도하면서 "한인이 일황을 저격하였으나 맞지 않다!"라고 제목을 달았다. 특히, 중국 국민당의 기관지인 '국민일보'는 "한국인 이봉창 저격 일황 불행부중(불행하게도 명중하지 않음)"이라는 표제 아래 사건을 보도하였다.

① 김상옥, 나석주 등이 단원으로 활동하였다.
② 박상진을 총사령으로 하여 결성된 단체이다.
③ 임시 정부에 활기를 불어넣고자 조직되었다.
④ 일부 단원들은 황포 군관 학교에 입교하였다.

18. 다음 법령에 대한 설명으로 옳지 않은 것은?

> 제13조 분배받은 농지에 대한 상환액 및 상환 방법은 다음에 의한다.
> 　　1. 상환액은 당해 농지의 주생산물 생산량의 12할 5푼을 5년간 납입케 한다.
> 　　2. 상환은 5년간 균분 연부로 하여 매년 주생산물에 해당하는 현곡 또는 대금을 정부에 납입함으로써 한다.

① 제헌 국회에서 제정된 법령이다.
② 호당 3정보 이하 농지는 제외하였다.
③ 유상 매수, 유상 분배의 방식으로 진행되었다.
④ 농지 분배를 위하여 신한 공사를 설치하였다.

19. 다음 (가) 군사 조직에 대한 설명으로 옳은 것은?

> 조선 전기의 중앙 군사 조직인 오위는 16세기 말에 이르러 점차 그 조직이 유명무실해졌다. 임진왜란 초기, 왜군에게 참패함에 따라 군사 조직의 재정비가 불가피하였다. 이에 따라 왜란 중에 새로운 중앙 군사 조직으로 　(가)　이/가 설치되었다.

① 유사시를 대비한 예비군이었다.
② 국방상 요지인 영이나 진에 배치되었다.
③ 포수, 살수, 사수로 구성된 군사 조직이었다.
④ 양인개병의 원칙에 따라 의무병으로 구성되었다.

20. 다음 대화 이후에 전개된 역사적 사실로 옳지 않은 것은?

> 갑수 : 지난 달에 소련이 유엔 한국 임시 위원단이 북한에 들어오는 것을 막았다는 것이 사실인가?
> 을동 : 그렇다더군! 그래서 유엔 소총회에서 위원단의 활동이 가능한 지역에서라도 선거를 실시하는 결의안을 채택했다고 하더군. 큰일이야.

① 김구, 김규식 등이 남북 협상에 참석하였다.
② 반민족 행위 특별 조사 위원회가 설치되었다.
③ 정읍에서 이승만이 단독 정부 수립을 주장하였다.
④ 제주도에서 총선거에 반대하는 무장 봉기가 일어났다.

수고하셨습니다.
당신의 합격을 응원합니다.

합격까지

2025 공무원 시험 대비 적중동형 모의고사
한국사
▌ 제8회 ▌

응시번호		문제책형
성 명		

제1과목	국어	제2과목	영어	제3과목	한국사
제4과목		제5과목			

응시자 주의사항

1. **시험시작 전 시험문제를 열람하는 행위나 시험종료 후 답안을 작성하는 행위를 한 사람은 「지방 공무원 임용령」** 제65조 등 관련 법령에 의거 **부정행위자로** 처리됩니다.
2. 시험이 시작되면 문제를 주의 깊게 읽은 후, **문항의 취지에 가장 적합한 하나의 정답만을 고르 며**, 문제내용에 관한 질문은 할 수 없습니다.
3. **답안은 문제책 표지의 과목 순서에 따라 답안지에 인쇄된 순서에 맞추어 표기**해야 하며, 과목 순서를 바꾸어 표기한 경우에도 문제책 표지의 과목 순서대로 채점되므로 유의하시기 바랍니다.
4. 법령, 고시, 판례 등에 관한 문제는 **2025년 4월 30일 현재 유효한 법령, 고시, 판례 등을 기준** 으로 정답을 구해야 합니다. 다만, 개별 과목 또는 문항에서 별도의 기준을 적용하도록 명시한 경우에는 그 기준을 적용하여 정답을 구해야 합니다.
5. **시험시간 관리의 책임은 응시자 본인에게 있습니다.**
   ※ 문제책은 시험종료 후 가지고 갈 수 있습니다.

정답공개 및 이의제기 안내

1. 정답공개 일시: 정답가안 6.21.(토) 14:00 / 최종정답 6.30.(월) 18:00
2. 정답공개 방법: 사이버국가고시센터(www.gosi.kr) ➜ [시험문제 / 정답 → 문제 / 정답 안내]
3. 이의제기 기간: 6.21.(토) 18:00 ~ 6.24.(화) 18:00
4. 이의제기 방법
   ■ 사이버국가고시센터 ➜ [시험문제 / 정답 → 정답 이의제기]
   ■ 구체적인 이의제기 방법은 정답가안 공개 시 공지 예정

한 국 사

1. 밑줄 친 '이 시대'에 대한 설명으로 옳은 것은?

> 이 시대의 사람들은 비파형 동검과 거친무늬 거울 등을 사용했으며, 농기구는 주로 석기로 만들어 썼다. 그리고 강을 끼고 있는 야산이나 구릉 지대에 살면서 민무늬 토기 등을 사용하였다.

① 일부 지역에서는 벼농사를 지었다.
② 애니미즘 등 원시 신앙이 등장하였다.
③ 유적지에서 명도전 등의 화폐가 출토되었다.
④ 가락바퀴를 사용하여 옷을 만들기 시작하였다.

2. (가)와 (나) 사이에 들어갈 역사적 사실로 옳지 않은 것은?

> (가) 고구려는 옥저를 정벌하고 빼앗아 성읍으로 삼았다.
> (나) 신라는 율령을 반포하고, 처음으로 관리의 공복을 정하였다.

① 고구려는 진대법을 실시하였다.
② 백제는 국호를 남부여라고 하였다.
③ 백제와 신라는 혼인 동맹을 맺었다.
④ 신라는 마립간이라는 왕호를 사용하였다.

3. 밑줄 친 '그'의 업적으로 옳지 않은 것은?

> 그는 백제를 공격하여 임진강 일대를 차지하였다. 이후 백제를 다시 공격하여 여러 성을 함락한 후, 한강을 건너 백제의 수도 근처에 도달하였다. 이에 백제의 국왕이 굴복하여 지금부터 영원히 노객이 되겠다고 맹세하였다.

① 영락이라는 연호를 사용하였다.
② 신라에 침입한 왜를 격퇴하였다.
③ 선비족이 세운 후연을 공격하였다.
④ 전략적 요충지인 서안평을 차지하였다.

4. 빈칸에 들어갈 국왕 때의 사실로 옳은 것은?

> ○○왕이 왕위에 올랐다. 문무대왕의 맏아들이며, 어머니는 자의왕후이다. 왕비는 소판 김흠돌의 딸이다. 왕이 태자였을 때에 그녀를 맞아들였으나 오래도록 아들이 없었고, 뒤에 아버지가 난을 일으킨 데에 연루시켜 궁 밖으로 내쳐졌다.

① 갈문왕 제도를 폐지하였다.
② 백성들에게 정전을 지급하였다.
③ 최치원이 시무책을 건의하였다.
④ 교육 기관인 국학이 설립되었다.

5. 다음 자료에서 설명하고 있는 정치 기구는?

> 이 기구는 판원사(판중추원사)가 수장이었으며, 추밀과 승선으로 구성되었다. 2품 이상의 고위 관리인 추밀은 군국기무와 군사 기밀을 담당했으며, 3품의 관리인 승선은 국왕의 명령을 신하들에게 전달하였다. 이후 원 간섭기 때에는 밀직사로 격하되었다.

① 상서성
② 한림원
③ 중추원
④ 중서문하성

6. 밑줄 친 '이 나라'의 사회 모습으로 옳지 않은 것은?

> 이 나라는 선진 문물을 수입하기 위해 송과의 교류에 주력하였다. 사신과 상인이 자주 왕래하며 교역하였다. 무역로는 북방에 거란, 여진이 있었던 까닭에 주로 바닷길이 이용되었다.

① 여성은 재혼이 가능하였다.
② 제사는 형제자매가 돌아가면서 지냈다.
③ 족보에 친손과 외손을 모두 기재하였다.
④ 아들이 없으면 일반적으로 양자를 들였다.

7. 다음 자료와 관련있는 승려에 대한 설명으로 옳은 것은?

> 하루는 같이 공부하는 열 명의 사람과 약속하였다. 마땅히 명예와 이익을 버리고 산림에 은둔하여 같은 모임을 맺자. 항상 선을 익히고 지혜를 고르는 데 힘쓰고, 예불하고 경전을 읽으며 힘들여 일하는 것에 이르기까지 각자 맡은 바 임무에 따라 경영한다.

① 『해동고승전』을 편찬하였다.
② 만덕사에서 백련결사를 제창하였다.
③ 선종을 중심으로 교종을 포용하였다.
④ 수행 방법으로 교관겸수를 제시하였다.

8. 다음 (가)의 재위 기간에 있었던 사실로 옳은 것은?

> (가) 이/가 폐모할 것을 여러 신하에게 논의하도록 할 때에 영부사 이항복이 "『춘추』에 자식이 어미를 원수로 삼는 의가 없다."고 진언하였다. (가) 이/가 노하여 이항복을 북청으로 유배 보냈는데 곧 죽었다. 결국 왕대비를 서궁(西宮)에 가두고 대장에게 병사들을 통솔하여 에워싸서 지키게 하였다.

① 북벌 운동을 전개하였다.
② 서인이 권력을 장악하였다.
③ 정여립 모반 사건이 일어났다.
④ 경기도에서 대동법을 시행하였다.

9. 다음 중 조선의 과거 제도에 대한 설명으로 옳지 않은 것은?
① 소과의 복시는 인구 비례에 의해 지역별로 할당되었다.
② 문과(대과)의 최종 합격자는 성적에 따라 갑, 을, 병으로 나뉘었다.
③ 소과의 합격 증서를 백패, 대과(문과)의 합격 증서를 홍패라 하였다.
④ 문과 · 무과 · 잡과가 있었는데, 이 가운데 문과를 가장 중시하였다.

10. 다음 (가)에 대한 설명으로 옳은 것은?

> 유향소는 수령을 보좌하고 (가) 을/를 감찰하며 향촌 사회의 풍속을 바로잡기 위한 기구였다. 한편, 경재소는 중앙의 현직 관리로 하여금 연고지의 유향소를 통제하게 하는 제도로서, 중앙과 지방의 연락 업무를 맡았다.

① 중앙 관청의 하급 관리였다.
② 양인이지만, 천역을 담당하였다.
③ 문과에 응시하는 것이 금지되었다.
④ 6방으로 나뉘어 각기 업무를 맡았다.

11. 다음 글을 쓴 실학자에 대한 설명으로 옳은 것은?

> 하늘이 백성을 낳았는데 그 백성이 넷이다. 그 중 가장 귀한 것이 선비인데, 양반이라고 불리며 그 이익도 막대하다. 농사짓지 않고 장사도 하지 않으며, 문사(文史)를 대강 섭렵하면 크게는 문과에 급제하고 적어도 진사가 된다.

① 수레와 선박의 이용을 강조하였다.
② 『반계수록』에서 균전론을 주장하였다.
③ 청에 다녀온 후 『북학의』를 저술하였다.
④ 이익의 사상을 계승하여 실학을 집대성하였다.

12. 밑줄 친 '그'의 업적으로 옳은 것은?

> 그는 수령이 군현 단위의 향약을 직접 주관하게 하여 지방 사족의 영향력을 줄여 나가고 백성에 대한 국가의 통치력을 강화하였다. 그리고 시전 상인의 특권을 없애 자유로운 상업 활동을 보장하였다.

① 장용영을 혁파하였다.
② 백두산정계비를 세웠다.
③ 초계문신 제도를 시행하였다.
④ 청계천 준설 작업을 하였다.

13. 다음 (가), (나)에 대한 설명으로 옳지 않은 것은?

> 고종이 즉위한 직후에 실권을 장악한 (가) 은/는 러시아를 견제하기 위해 천주교 선교사를 통해 프랑스와 교섭하려 했다. 하지만 천주교를 금지해야 한다는 유생의 주장이 높아지자 다수의 천주교도와 선교사를 잡아들여 처형한 (나) 을/를 일으켰다.

① (가)는 호포법을 실시하였다.
② (가)는 의정부의 기능을 부활시켰다.
③ (나)를 계기로 미국이 군함을 보냈다.
④ (나)는 제너럴셔먼호 사건과 같은 해에 일어났다.

14. 다음 역사적 사실들을 순서대로 바르게 나열한 것은?

> ㉠ 일본에 조사 시찰단을 파견하였다.
> ㉡ 영국이 불법으로 거문도를 점령하였다.
> ㉢ 조 · 청 상민 수륙 무역 장정이 체결되었다.
> ㉣ 조선이 최초로 서양 국가와 근대적 조약을 맺었다.

① ㉠-㉢-㉣-㉡
② ㉠-㉣-㉢-㉡
③ ㉣-㉠-㉡-㉢
④ ㉣-㉠-㉢-㉡

15. 밑줄 친 '이 단체'에 대한 설명으로 옳지 않은 것은?

> 이 단체는 기관지인 '대조선 독립 협회 회보'를 간행하고 토론회를 열었다. 토론의 주제는 신교육 진흥, 산업 개발, 민족 문화 발전, 미신 타파, 신문 보급 등 계몽적 성격을 띠거나, 열강의 이권 획득 반대, 의회 설립, 민권 신장, 개혁 내각 수립 등 당면한 현안에 이르기까지 매우 다양하였다. 토론회는 수백 명의 방청인이 몰려들 정도로 커다란 호응을 얻어 민중을 계몽하고 정치 의식을 높이는 효과를 거두었다.

① 독립문을 건립하였다.
② 만민 공동회를 개최하였다.
③ 공화정 건설을 목표로 하였다.
④ 러시아의 이권 침탈에 반대하였다.

16. 밑줄 친 '그'에 대한 설명으로 옳은 것은?

> 그는 1942년 4월부터 12월까지 일본 도쿄를 방문한 적이 있었다. 그때 미국 공군기가 공습하는 모습을 목격하고, 일본이 곧 패망할 것이라는 사실을 직감하였다. 국내로 돌아온 그는 조선 민족 해방 연맹을 결성하였고, 이듬해인 1944년 이 조직을 확대하여 조선 건국 동맹을 조직하였다.

① 한국 민주당을 창당하였다.
② 5·10 총선거에 불참하였다.
③ 남북 협상 회의에 참석하였다.
④ 좌·우 합작 위원회를 조직하였다.

17. 밑줄 친 (가), (나)에 대한 설명으로 옳지 않은 것은?

> 일본은 (가)화폐 정리 사업으로 대한 제국의 금융과 재정을 일본에 예속시키려고 하였다. 이에 일본은 대한 제국에 대규모의 차관 도입을 강요했으며, 차관은 1,300만 원까지 늘어났다. 이처럼 경제적 예속이 심해지자, 대구에서 (나)국채 보상 운동이 시작되었다.

① (가) - 일본인 재정 고문 메가타가 주도하였다.
② (가) - 화폐를 교환할 때 액면가대로 바꾸어 주었다.
③ (나) - 대한매일신보 등 언론 기관이 지원하였다.
④ (나) - 전국에서 금연 및 금주 운동이 전개되었다.

18. 밑줄 친 '이 시기'의 일제의 정책으로 옳은 것은?

> 이 시기 일제는 어업령, 삼림령, 조선 광업령을 발표하여 한국의 각종 자연 자원과 지하자원을 독점하였다. 주요 어장은 일본인 어부가 차지하였으며, 광산 개발권도 대부분 일본인에게 넘어갔다. 일제는 압록강과 두만강 유역의 삼림을 마구잡이로 벌채하여 일본으로 실어 날랐고, 임야 조사령을 선포하여 많은 임야를 국유림으로 편입하고자 하였다.

① 회사령을 폐지하였다.
② 치안 유지법을 제정하였다.
③ 헌병 경찰 제도를 실시하였다.
④ 한국어를 선택 과목으로 바꾸었다.

19. 밑줄 친 '이 운동'에 대한 설명으로 옳은 것은?

> 신간회는 이 운동이 일어나자 현지에 조사단을 파견하고 진상 보고를 위한 민중 대회를 개최하여, 이를 전국적인 항일 운동으로 확산시키고자 하였다. 그러나 일제에 발각되어 신간회 간부들이 체포되면서 이 계획은 무산되었다.

① 이 운동의 결과 대한민국 임시 정부가 수립되었다.
② 순종의 국장일에 만세 시위를 벌이기로 계획하였다.
③ 3·1 운동 이후 최대의 항일 민족 운동으로 전개되었다.
④ 일본인 감독이 한국인 노동자를 구타한 사건이 계기가 되었다.

20. 다음 역사적 사실들을 순서대로 바르게 나열한 것은?

> ㉠ 남북 조절 위원회가 설치되었다.
> ㉡ 남북 기본 합의서 채택에 합의하였다.
> ㉢ 남북 이산가족 상봉이 최초로 이루어졌다.
> ㉣ 평양에서 6·15 남북 공동 선언을 발표하였다.

① ㉠-㉢-㉡-㉣
② ㉠-㉢-㉣-㉡
③ ㉢-㉠-㉡-㉣
④ ㉢-㉡-㉣-㉠

수고하셨습니다.
당신의 합격을 응원합니다.

합격까지

2025 공무원 시험 대비 적중동형 모의고사
한국사
▌제9회 ▐

응시번호		문제책형
성 명		

제1과목	국어	제2과목	영어	제3과목	한국사
제4과목		제5과목			

응시자 주의사항

1. **시험시작 전 시험문제를 열람하는 행위나 시험종료 후 답안을 작성하는 행위를 한 사람은** 「지방 공무원 임용령」 제65조 등 관련 법령에 의거 **부정행위자로** 처리됩니다.
2. 시험이 시작되면 문제를 주의 깊게 읽은 후, 문항의 취지에 가장 적합한 하나의 정답만을 고르며, 문제내용에 관한 질문은 할 수 없습니다.
3. **답안은 문제책 표지의 과목 순서에 따라 답안지에 인쇄된 순서에 맞추어 표기해야** 하며, 과목 순서를 바꾸어 표기한 경우에도 문제책 표지의 과목 순서대로 채점되므로 유의하시기 바랍니다.
4. 법령, 고시, 판례 등에 관한 문제는 **2025년 4월 30일 현재 유효한 법령, 고시, 판례 등을 기준**으로 정답을 구해야 합니다. 다만, 개별 과목 또는 문항에서 별도의 기준을 적용하도록 명시한 경우에는 그 기준을 적용하여 정답을 구해야 합니다.
5. **시험시간 관리의 책임은 응시자 본인에게 있습니다.**
   ※ 문제책은 시험종료 후 가지고 갈 수 있습니다.

정답공개 및 이의제기 안내

1. 정답공개 일시: 정답가안 6.21.(토) 14:00 / 최종정답 6.30.(월) 18:00
2. 정답공개 방법: 사이버국가고시센터(www.gosi.kr) ➔ [시험문제 / 정답 → 문제 / 정답 안내]
3. 이의제기 기간: 6.21.(토) 18:00 ~ 6.24.(화) 18:00
4. 이의제기 방법
   ■ 사이버국가고시센터 ➔ [시험문제 / 정답 → 정답 이의제기]
   ■ 구체적인 이의제기 방법은 정답가안 공개 시 공지 예정

한 국 사

1. 다음 자료와 관련 있는 나라에 대한 설명으로 옳은 것은?

> • 삼베가 나며 누에를 쳐서 옷감을 만든다. 단궁이 이 땅에서 나오고, 바다에서는 반어피가 나오며, 얼룩 표범이 있고 또한 과하마가 나온다.
> • 꺼리는 것이 많아서 병을 앓거나 사람이 죽으면 옛 집을 버리고 곧 다시 새 집을 지어 산다.

① 5부족 연맹을 토대로 발전하였다.
② 민며느리제의 혼인 풍습이 있었다.
③ 읍군, 삼로 등의 군장이 읍락을 다스렸다.
④ 철이 많이 생산되어 낙랑, 왜 등에 수출하였다.

2. 밑줄 친 '그'에 대한 설명으로 옳은 것은?

> 그는 6두품 출신의 유학자로, 불교·도교에도 조예가 깊었다. 당 유학을 마치고 귀국한 후, 진성 여왕에게 정치 개혁을 요구했으나 이루어지지 않았다. 이후 전국 각지를 유람하다가 해인사에서 일생을 마쳤다.

① 원효의 아들로, 이두를 집대성하였다.
② 수나라 장수 우중문에게 오언시를 보냈다.
③ 왕명을 받아 역사서인 『국사』를 편찬하였다.
④ 토황소격문을 지어 문장가로 이름을 떨쳤다.

3. 다음 (가), (나)에 대한 설명으로 옳은 것은?

> 당나라 현종 개원 7년에 (가) 대조영이 죽으니, 그 나라에서 사사로이 시호를 올려 고왕(高王)이라 하였다. 아들 (나) 대무예가 뒤이어 왕위에 올라 영토를 크게 개척하니, 동북의 모든 오랑캐가 겁을 먹고 그를 섬겼으며, 또 연호를 인안(仁安)으로 고쳤다.

① (가)는 고구려의 왕족 출신이다.
② (가)는 동모산에서 나라를 건국하였다.
③ (나)는 태자로서 참전하여 백제를 멸망시켰다.
④ (나)는 5경 15부 62주의 행정 제도를 완비하였다.

4. 다음 밑줄 친 국왕의 업적으로 옳은 것은?

> 1971년 7월, 송산리 고분군 배수로 공사 도중 무덤 하나가 우연히 발굴되었다. 그 입구를 열자, 무덤 주인을 알리는 지석이 놓여 있었다. 그 내용의 일부는 이러하다. "영동대장군인 사마왕은 62세가 되는 계묘년 5월 임진일인 7일에 돌아가셨다. 을사년 8월 갑신일인 12일에 안장하여 대묘에 모시었다."

① 사비 천도　　　　　　② 불교 수용
③ 상대등 설치　　　　　④ 22담로 설치

5. 다음 자료의 결과로 일어난 역사적 사실로 옳은 것은?

> 소손녕이 서희에게 말하기를, "그대 나라가 신라 땅에서 일어났고, 고구려 땅은 우리의 소유인데 고려가 침식하였고, 또 우리와 국경을 접하였는데도 바다를 넘어 송을 섬기므로 오늘의 출병이 있게 된 것이다. …"라고 하였다.

① 별무반을 조직하였다.
② 강동 6주를 확보하였다.
③ 강화도로 수도를 옮겼다.
④ 이자겸이 반란을 일으켰다.

6. 다음 밑줄 친 인물에 대한 설명으로 옳은 것은?

> 팔순 동안 내가 한 일을 만약 나 자신에게 묻는다면 첫째는 탕평책인데, 스스로 '탕평'이란 두 글자가 부끄럽다. 둘째는 균역법인데, 그 효과가 승려에게까지 미쳤다. 셋째는 청계천 준설인데, 만세에 이어질 업적이다.

① 화성을 건설하였다.
② 장용영을 설치하였다.
③ 신문고를 부활하였다.
④ 수차례 환국을 단행하였다.

7. 다음 역사서에 대한 설명으로 옳은 것은?

> 신 부식은 아뢰옵니다. 옛날에는 여러 나라들도 각각 사관을 두어 일을 기록하였습니다. … 해동의 삼국도 지나온 세월이 장구하니, 마땅히 그 사실이 책으로 기록되어야 하므로 마침내 늙은 신에게 명하여 편집하게 하셨사오나, 아는 바가 부족하여 어찌할 바를 모르겠습니다.

① 기전체로 서술되었다.
② 고대 민간 설화를 수록하였다.
③ 고구려 계승 의식을 강조하였다.
④ 우리 역사를 중국과 대등하게 인식하였다.

8. 밑줄 친 '이 왕' 때의 사실로 옳은 것은?

> 이 왕 때 관청의 명칭이 바뀌는 등 여러 면에서 변화가 일어났다. 중서문하성과 상서성은 첨의부로 합쳐지고, 중추원은 밀직사로 바뀌었으며 6부는 4사로 축소되었다. 그리고 도병마사의 기능이 확대되어 도평의사사로 개편되었다.

① 도방을 부활하였다.
② 사림원을 설치하였다.
③ 기철 등 친원 세력을 숙청하였다.
④ 원나라와 일본 원정을 단행하였다.

9. 제시된 자료와 관련된 역사적 사건에 대한 설명으로 옳은 것은?

> 효종은 형제 서열상 차남이셨으니 새 어머니인 인조 임금의 계비는 돌아가신 효종에 대해 1년복만 입어야 합니다. 천하의 예는 모두 같은 원칙에 따라야 합니다.

① 효종 때 일어난 논쟁이다.
② 소론과 노론이 대립하였다.
③ 1차 논쟁에서 서인이 승리하였다.
④ 이 결과, 정철이 관직에서 물러났다.

10. 다음 사실들을 순서대로 바르게 나열한 것은?

> ㉠ 4군 6진을 설치하였다.
> ㉡ 『조선경국전』을 편찬하였다.
> ㉢ 의정부 서사제를 폐지하였다.
> ㉣ 홍문관을 설치하고 경연을 활성화하였다.

① ㉠-㉡-㉢-㉣   ② ㉠-㉡-㉣-㉢
③ ㉡-㉠-㉢-㉣   ④ ㉡-㉢-㉠-㉣

11. 다음 (가), (나)의 인물을 바르게 짝지은 것은?

> (가) 은/는 송악에 도읍을 정하고 나라를 세웠다. 이후 국호를 마진, 태봉 등으로 바꾸었으며, 도읍도 송악에서 철원으로 옮겼다. 점차 죄 없는 관료와 장군을 살해하는 등 실정을 거듭하여 신하들에 의해 축출되었다.
> (나) 은/는 본래 상주 지방 농민의 아들로서, 신라군에 들어가 서남해 방면에서 활약하다가, 각지에서 농민들이 봉기하자 지금의 광주인 무진주를 점령하였다.

	(가)	(나)
①	궁예	왕건
②	견훤	왕건
③	궁예	견훤
④	왕건	견훤

12. 다음 자료와 관련있는 민란에 대한 설명으로 옳은 것은?

> 평서 대원수는 급히 격문을 띄우노니 관서 지역의 부로자제와 공사천민은 모두 이 격문을 들으라. … 조정에서는 관서 지역을 썩은 흙과 같이 버렸다. 심지어 권세 있는 집의 노비들도 서토 사람만 보면 반드시 '평안도 놈'이라고 말한다. 어찌 억울하고 원통하지 않은 자 있겠는가.

① 몰락 양반인 홍경래가 주도하였다.
② 정부는 삼정이정청을 두어 사태를 수습하였다.
③ 천주교 신자를 박해하는 과정에서 발생하였다.
④ 공로 평가에 불만을 품은 이괄이 난을 일으켰다.

13. 밑줄 친 (가), (나)에 대한 설명으로 옳지 않은 것은?

> (가)이 조약 체결에 반대하여 (나)의병 운동이 전개되었다. 민영환 등은 자결로써 항의했으며, 장지연은 '시일야방성대곡'을 써서 조약 체결을 비판하였다. 고종 역시 조약의 무효를 선언하고 헤이그에 특사를 파견하였다.

① (가) - 러 · 일 전쟁 이후에 체결되었다.
② (나) - 평민 출신 의병장이 등장하였다.
③ (가) - 대한 제국의 외교권이 박탈되었다.
④ (나) - 고종의 해산 권고를 계기로 종식되었다.

14. 다음 내용이 규정된 조약에 대한 설명으로 옳은 것은?

> 전문   오직 금번 체결하는 수륙 무역 장정은 중국이 속방(屬邦)을 우대하는 후의에서 나온 만큼 다른 각국과 일체 균점하는 예와 같지 않다.
> 제1조 청의 상무위원을 서울에 파견하고 조선 대관을 톈진에 파견한다. 청의 북양대신과 조선 국왕은 대등한 지위를 가진다.

① 최초로 관세를 부과하였다.
② 우리나라 최초의 불평등 조약이다.
③ 갑신정변 진압 이후에 체결되었다.
④ 청 상인의 내륙 진출을 인정하였다.

15. 다음 정책을 추진한 정부 때의 사실로 옳은 것은?

> • 미국인 측량사를 초빙하여 양전 사업을 실시하였다.
> • 토지 소유권을 법적으로 인정해주는 지계를 일부 지역에서 발급하였다.

① 별기군을 설치하였다.
② 건양 연호를 제정하였다.
③ 대한국 국제를 반포하였다.
④ 공·사노비제를 폐지하였다.

16. 다음 자료 이후에 전개된 역사적 사실로 가장 적절치 못한 것은?

> 각지에 흩어진 동지들을 규합하여 대한 광복군 정부를 조직하고 정통령을 선거하여 군사 업무를 통합하여 지휘하게 하니 정통령은 이상설, 부통령은 이동휘가 당선되었다.

① 청산리 전투에서 일본군을 격파하였다.
② 참의부, 정의부, 신민부 3부가 조직되었다.
③ 구미위원부가 설치되어 외교 활동을 하였다.
④ 이회영 등이 남만주에 경학사를 설립하였다.

17. 밑줄 친 '이 조직'에 대한 설명으로 옳은 것은?

> 1919년 만주 길림성에서 김원봉이 신흥 무관 학교 출신들을 모아 만든 이 조직은 1920년대에 국내와 상하이를 중심으로 활발한 의거 활동을 전개하였다.

① 원산 노동자 총파업을 지원하였다.
② 이봉창, 윤봉길 등이 단원으로 활동하였다.
③ 고종의 비밀 지령을 받아 결성한 단체이다.
④ 신채호의 「조선 혁명 선언」을 행동 지침으로 삼았다.

18. 다음 헌법이 적용된 시기에 전개된 사실로 옳지 않은 것은?

> 제39조 ① 대통령은 통일 주체 국민 회의에서 토론없이 무기명 투표로 선거한다.
> ② 통일 주체 국민 회의에서 재적 대의원 과반수의 찬성을 얻은 자를 대통령 당선자로 한다.

① 김영삼이 국회에서 제명당했다.
② 부·마 민주 항쟁이 발발하였다.
③ 한·일 기본 조약을 체결하였다.
④ 3·1 민주 구국 선언이 발표되었다.

19. 일제 강점기의 역사가들에 대한 설명으로 옳지 않은 것은?

① 이병도 등은 진단 학회를 조직하였다.
② 백남운은 『한국독립운동지혈사』를 저술하였다.
③ 정인보, 안재홍 등은 조선학 운동을 전개하였다.
④ 박은식은 나라는 형체이고, 역사는 정신이라고 하였다.

20. 다음과 같이 주장한 인물에 대한 설명으로 옳은 것은?

> 네 소원이 무엇이냐 하고 하느님이 내게 물으시면, 나는 서슴지 않고 "내 소원은 대한 독립이오." 하고 대답할 것이다. 그 다음 소원은 무엇이냐 하면, 나는 또 "우리나라의 독립이오." 할 것이요, 또 그 다음 소원이 무엇이냐 하는 세 번째 물음에도, 나는 더욱 소리를 높여서 "나의 소원은 우리나라 대한의 완전한 자주 독립이오." 하고 대답할 것이다.

① 5·10 총선거에 불참하였다.
② 좌우 합작 운동을 주도하였다.
③ 조선 건국 준비 위원회를 조직하였다.
④ 정읍에서 단독 정부 수립을 주장하였다.

수고하셨습니다.
당신의 합격을 응원합니다.

합격까지
박문각

2025 공무원 시험 대비 적중동형 모의고사
한국사
▌ 제10회 ▌

응시번호		문제책형
성 명		(A)

제1과목	국어	제2과목	영어	제3과목	한국사
제4과목		제5과목			

박문각

한 국 사

1. 밑줄 친 '이 시대'의 유적지로 옳은 것은?

> 이 시대 사람들은 짐승과 물고기를 잡아먹었으며, 식물의 열매나 뿌리도 채취하여 먹었다. 또, 계절에 따라 이동하는 생활을 하면서 동굴에서 살거나 강가에 막집을 짓고 살았다.

① 부여 송국리　　　② 서울 암사동
③ 공주 석장리　　　④ 부산 동삼동

2. 다음은 전근대 지방 제도를 정리한 것이다. 순서대로 바르게 나열한 것은?

> ㉠ 각 지방의 요충지에 5소경을 두었다.
> ㉡ 특수 행정 구역인 향·소·부곡이 존재하였다.
> ㉢ 방군제를 시행하여 전국을 5방으로 나누었다.
> ㉣ 전국을 8도로 나누고, 그 아래에 군·현을 두었다.

① ㉠-㉢-㉡-㉣　　　② ㉠-㉣-㉢-㉡
③ ㉢-㉠-㉡-㉣　　　④ ㉢-㉠-㉣-㉡

3. 다음 (가) 나라에 대한 설명으로 옳지 않은 것은?

> 자줏빛 줄이 하늘에서 내려왔다. 그 줄이 내려온 곳에 가보니 붉은 보자기에 싸인 금으로 만든 상자를 발견하였다. 상자 안에는 황금알 여섯 개가 있었는데, 알 여섯이 모두 변하여 어린아이가 되었다. … 가장 큰 알에서 태어난 수로가 왕위에 올라 (가) 을/를 세웠다.

① 철이 많이 생산되었다.
② 신라와 결혼 동맹을 맺었다.
③ 낙동강 하류에 위치하였다.
④ 법흥왕에 의해 멸망하였다.

4. 밑줄 친 '이 신분'에 대한 설명으로 옳은 것은?

> 혜공왕 이후 이 신분에 속한 귀족들 사이에서 왕위 쟁탈전이 치열하게 전개되었다. 이에 따라 집사부 시중보다 상대등의 권한이 강화되었고, 20명의 왕이 교체되는 등 정치적인 혼란이 거듭되었다.

① 득난이라고 불리었다.
② 22담로의 지방 장관을 독점하였다.
③ 6관등인 아찬까지만 승진할 수 있었다.
④ 중앙 관청의 우두머리에 임명될 수 있었다.

5. 다음 시기에 집권했던 국왕의 업적으로 옳은 것은?

> 이사부가 하슬라주 군주가 되어 말하기를, "우산국 사람들은 어리석고 사납기 때문에 힘보다는 꾀로써 복속시킬 수 있다."라고 하였다. 이에 나무 사자를 많이 만들어 배에 싣고 말하기를, "너희가 만약 항복하지 않으면 이 사나운 짐승을 풀어 밟아 죽이겠다."라고 하니, 우산국 사람들이 두려워하며 항복하였다.

① 율령을 반포하였다.
② 첨성대를 건립하였다.
③ 화랑도를 확대하였다.
④ 국호를 신라로 정하였다.

6. 다음 밑줄 친 인물에 대한 설명으로 옳은 것은?

> 적신 이의민은 성품이 사납고 잔인하여 윗사람을 업신여기고 아랫사람을 능멸하여 임금의 자리마저 흔들려고 했으므로 재앙의 불길이 성하여 백성이 살 수 없었습니다. 신 등이 폐하의 위령을 힘입어 단번에 쓸어버렸으니, 폐하께서는 낡은 것을 개혁하고 새로운 정치를 도모하여 … 중흥의 길을 빛나게 여시기 바랍니다.

① 교정도감을 설치하였다.
② 강화도로 수도를 옮겼다.
③ 정방을 두어 인사권을 장악하였다.
④ 의종을 폐위하고 명종을 왕으로 세웠다.

7. 다음과 같이 주장한 인물들이 일으킨 반란에 대한 설명으로 옳은 것은?

> 제가 보건대 서경의 땅은 풍수지리를 하는 사람들이 말하는 아주 좋은 땅입니다. 만약 이곳에 궁궐을 짓고 전하께서 옮겨 앉으시면 천하를 다스릴 수 있습니다. 또한 금나라가 선물을 바치고 스스로 항복할 것이고 주변의 36개 나라가 모두 머리를 조아릴 것입니다.

① 이자겸이 주도하였다.
② 신라 부흥 운동을 전개하였다.
③ 웅주(공주)에서 반란을 일으켰다.
④ 김부식이 이끄는 관군이 진압하였다.

8. 밑줄 친 '우리 전하'의 업적으로 옳은 것은?

> 계해년 겨울에 우리 전하께서 정음 28자를 처음으로 만들었다. … 물건의 형상을 본떠서 글자는 고전(古篆)을 모방하였다. … 그런 까닭으로 지혜로운 사람은 아침나절이 되기 전에 이를 이해하고, 어리석은 사람도 열흘 만에 배울 수 있게 되었다.

① 경연을 폐지하였다.
② 과전법을 제정하였다.
③ 칠정산을 편찬하였다.
④ 홍문관을 설치하였다.

9. 밑줄 친 '왕' 때의 사실로 옳은 것은?

> 왕이 이르시기를, "요즈음 일로 말하건대 임꺽정이 많은 죄를 짓고도 오래도록 법을 피하고 있는데 국가에서는 치욕만 당하고 쉽게 잡지 못하니, 이는 오로지 경외(京外)가 무비(武備)를 닦지 않았기 때문이다. …"라고 하였다.

① 을묘왜변이 일어났다.
② 무오사화가 발발하였다.
③ 국왕이 남한산성으로 피신하였다.
④ 사림이 동인과 서인으로 분열하였다.

10. 다음 글을 쓴 실학자에 대한 설명으로 옳은 것은?

> 오늘날 백성을 다스리는 자는 백성에게서 걷어들이는 것에만 급급하고 백성을 부양하는 방법은 알지 못한다. … '심서(心書)'라고 이름붙인 까닭은 무엇인가? 백성을 다스릴 마음은 있지만 몸소 실행할 수 없기 때문에 그렇게 이름붙인 것이다.

① 한전론을 주장하였다.
② 『농가집성』을 저술하였다.
③ 청에 다녀와 『열하일기』를 썼다.
④ 거중기를 만들어 화성 축조에 이용하였다.

11. 밑줄 친 '이 왕' 때의 사실로 옳은 것은?

> 조선 시대에 들어와 일본 어부들이 울릉도와 독도 주변에서 불법으로 어로 활동을 하는 일이 자주 일어났다. 이 왕 때 안용복이 일본에 건너가 에도 막부로부터 울릉도와 독도가 조선의 영토임을 확인받고 돌아왔다.

① 규장각을 설치하였다.
② 통공 정책을 시행하였다.
③ 백두산정계비를 건립하였다.
④ 친위 부대인 장용영을 설치하였다.

12. 밑줄 친 '이 법'과 관련된 내용으로 옳지 않은 것은?

> 우의정 김육이 아뢰었다. "이 법은 백성을 편안하게 하는 좋은 계책입니다. … 이 법의 시행을 부호들은 좋아하지 않으나 국가에서 법령을 시행할 때는 마땅히 백성들이 원하는 대로 해야 합니다."

① 경기도에서 먼저 시행되었다.
② 관허 상인인 공인이 등장하였다.
③ 장정 1명당 군포를 1필씩 거두었다.
④ 가호 대신 토지 면적을 기준으로 삼았다.

13. 다음 (가) 정책에 대한 설명으로 옳지 않은 것은?

> 일제는 근대적 토지 소유권을 확립한다는 명분을 내세워 (가) 을/를 추진하였다. 그러나 실제로는 지세 수입을 안정적으로 확보하여 식민지 지배에 필요한 재정을 마련하고, 일본인이 한국 토지에 쉽게 투자할 수 있도록 하는 데 목적이 있었다.

① 신고주의 원칙에 따라 추진되었다.
② 소작인들이 경작권을 인정받지 못하였다.
③ 궁방전, 역둔토 등이 총독부 소유가 되었다.
④ 춘궁 퇴치, 농가 부채 근절을 목표로 내세웠다.

14. 다음 내용이 규정된 조약에 대한 설명으로 옳은 것은?

> • 한국 정부는 시정 개선에 관하여 통감의 지도를 받는다.
> • 한국 정부는 법령의 제정 및 중요한 행정상의 처분은 미리 통감의 승인을 거친다.
> • 한국 정부는 통감이 추천하는 일본인을 한국 관리로 임명한다.

① 러·일 전쟁 중에 체결하였다.
② 통감의 권한이 크게 강화되었다.
③ 대한 제국의 외교권이 박탈되었다.
④ 고종은 조약의 무효를 선언하였다.

15. 다음 역사적 사실들을 순서대로 바르게 나열한 것은?

> ㉠ 동학 농민군은 우금치 전투에서 패배하였다.
> ㉡ 동학 농민군이 황토현에서 관군을 격파하였다.
> ㉢ 논산에서 남·북접의 동학 농민군이 집결하였다.
> ㉣ 정부는 동학 농민군과 전주 화약을 체결하였다.

① ㉡-㉢-㉣-㉠
② ㉡-㉣-㉠-㉢
③ ㉡-㉣-㉢-㉠
④ ㉣-㉡-㉢-㉠

16. 다음 민족 운동에 대한 내용으로 옳지 않은 것은?

> 천도교의 손병희, 기독교의 이승훈, 불교의 한용운 등 종교계 지도자들은 연합하여 33인의 민족 대표를 구성하고 거족적인 민족 운동을 준비하였다. 이들은 일원화, 대중화, 비폭력화라는 원칙을 정한 후 독립 선언서를 작성하고 전국 각지에 배포하였다.

① 2·8 독립 선언에 영향을 받았다.
② 대한민국 임시 정부 수립의 계기가 되었다.
③ 일제의 통치 방식이 변화하는 계기가 되었다.
④ 광주의 학생 시위로 시작하여 전국으로 확산되었다.

17. 다음 개혁 정강과 관련된 역사적 사건에 대한 설명으로 옳은 것은?

> 1. 흥선 대원군을 빨리 귀국시키고 종래 청에 대해 행하던 조공의 허례를 폐지한다.
> 2. 문벌을 폐지하고 인민 평등권을 제정하여 능력에 따라 관리를 임명한다.
> 3. 지조법을 개혁하여 관리의 부정을 막고 백성을 보호하며 재정을 넉넉히 한다.

① 서울의 하층민까지 가담하였다.
② 김옥균, 박영효 등이 주도하였다.
③ 일본과 제물포 조약을 체결하였다.
④ 이 결과, 통리기무아문이 설치되었다.

18. (가) 단체에 대한 설명으로 옳은 것은?

> [(가)]은/는 비타협적 민족주의 세력과 사회주의 세력이 이념과 방법의 차이를 넘어 일제에 맞서고자 연합한 민족 협동 전선이다. 또한 일제 통치 아래에서 가장 규모가 큰 합법적 사회 운동 단체로 활동했다는 점에서 역사적 의의가 있다.

① 기회주의 배격을 강조하였다.
② 6·10 만세 운동을 주도하였다.
③ 105인 사건으로 탄압을 받았다.
④ 의병 운동을 계승한 비밀 결사였다.

19. (가)와 (나) 사이에 들어갈 사실로 옳지 않은 것은?

> (가) 미·영·중 3국 최고 지도자들은 카이로 선언을 발표하였다.
> (나) 덕수궁에서 1차 미·소 공동 위원회가 열렸다.

① 좌·우 합작 7원칙을 발표하였다.
② 모스크바 3국 외상 회의가 열렸다.
③ 조선 건국 준비 위원회가 조직되었다.
④ 한반도에서 미군과 소련군의 군정이 시작되었다.

20. 밑줄 친 '이 단체'의 이름으로 옳은 것은?

> 이 단체는 한글 맞춤법 통일안과 표준어 및 외래어 표기법 통일안을 만들어 한글의 표준화에 기여하였다. 또 한글 강습 교재를 만들어 문맹 퇴치 운동에 참여했으며, 우리말 큰 사전을 편찬하는데 주력하였다.

① 진단 학회
② 조선어 학회
③ 국문 연구소
④ 조선어 연구회

수고하셨습니다.
당신의 합격을 응원합니다.

합격까지

2025 공무원 시험 대비

적중동형 봉투모의고사
Vol. 2

한국사

▌제1회 ~ 제5회 ▌

2025 공무원 시험 대비 적중동형 모의고사
한국사
▌제1회 ▌

응시자 주의사항

1. **시험시작 전 시험문제를 열람하는 행위나 시험종료 후 답안을 작성하는 행위를 한 사람은** 「지방 공무원 임용령」 제65조 등 관련 법령에 의거 **부정행위자로** 처리됩니다.

2. 시험이 시작되면 문제를 주의 깊게 읽은 후, **문항의 취지에 가장 적합한 하나의 정답만을 고르** **며**, 문제내용에 관한 질문은 할 수 없습니다.

3. **답안은 문제책 표지의 과목 순서에 따라 답안지에 인쇄된 순서에 맞추어 표기**해야 하며, 과목 순서를 바꾸어 표기한 경우에도 문제책 표지의 과목 순서대로 채점되므로 유의하시기 바랍니다.

4. 법령, 고시, 판례 등에 관한 문제는 **2025년 4월 30일 현재 유효한 법령, 고시, 판례 등을 기준** 으로 정답을 구해야 합니다. 다만, 개별 과목 또는 문항에서 별도의 기준을 적용하도록 명시한 경우에는 그 기준을 적용하여 정답을 구해야 합니다.

5. **시험시간 관리의 책임은 응시자 본인에게 있습니다.**

※ 문제책은 시험종료 후 가지고 갈 수 있습니다.

정답공개 및 이의제기 안내

1. 정답공개 일시: 정답가안 6.21.(토) 14:00 / 최종정답 6.30.(월) 18:00
2. 정답공개 방법: 사이버국가고시센터(www.gosi.kr) ➜ [시험문제 / 정답 → 문제 / 정답 안내]
3. 이의제기 기간: 6.21.(토) 18:00 ~ 6.24.(화) 18:00
4. 이의제기 방법
   ■ 사이버국가고시센터 ➜ [시험문제 / 정답 → 정답 이의제기]
   ■ 구체적인 이의제기 방법은 정답가안 공개 시 공지 예정

한 국 사

1. 다음 (가) 나라에 대한 설명으로 옳은 것은?

> 주나라가 쇠약해지자 연나라가 스스로 왕을 칭하고 동쪽으로 침략하려 하였다. ▢(가)▢ 의 후(侯) 역시 스스로 왕을 칭하고 군사를 일으켜 연나라를 공격하려 하였는데, 대부인 예(禮)가 간하여 중지하였다.

① 54개의 소국으로 구성된 연맹체였다.
② 상 · 대부 · 장군 등의 관직을 두었다.
③ 쑹화강 유역의 넓은 평야 지대에서 성장하였다.
④ 사람이 병들어 죽으면 집을 버리고 새 집을 지었다.

2. 밑줄 친 인물에 대한 설명으로 옳지 않은 것은?

> 그는 평민 출신으로, 원래 이름은 '활을 잘 쏘는 사람'이라는 뜻을 가진 궁복이었다. 친구인 정년과 함께 당에 건너가 하급 무관인 무령군 소장을 지냈는데, 이 때 말을 타고 창을 던지는 데 당할 자가 없을 정도로 무예가 뛰어났다. 당나라에서 학대를 받고 있는 신라인 노비를 보고 분개하여 귀국하였다.

① 청해진 대사로 임명되었다.
② 웅주를 근거지로 반란을 일으켰다.
③ 당나라 산둥반도에 법화원이라는 절을 세웠다.
④ 당 – 신라 – 일본을 잇는 국제 무역을 주도하였다.

3. 밑줄 친 '그'에 대한 설명으로 옳은 것은?

> 그는 중앙 관청과 지방 제도를 정비하고, 불교를 진흥하였다. 대외적으로는 중국의 남조와 활발하게 교류했으며, 일본에 노리사치계를 보내 불교를 전해주었다.

① 탐라국을 복속하였다.
② 익산 천도를 추진하였다.
③ 일본에 칠지도를 전해주었다.
④ 신라와 연합하여 고구려를 공격하였다.

4. 다음 내용이 기록된 삼국 시대의 금석문으로 옳은 것은?

> 옛적에 시모 추모왕이 나라를 세웠는데, 왕은 북부여에서 태어났으며 천제의 아들이었고 어머니는 하백의 따님이었다. … 백잔(백제)과 신라는 옛적부터 속민으로 조공을 해왔다.

① 중원 고구려비
② 집안 고구려비
③ 북한산 순수비
④ 광개토대왕릉비

5. 밑줄 친 '이 왕' 때의 사실로 옳은 것은?

> 이 왕 때 명나라 사신 설장수가 "철령 이북은 원래 원나라 땅이었으니 모두 요동에 귀속시키도록 하라."라는 명 황제의 명령을 전달하였다.

① 홍건적의 침입으로 개경이 함락되었다.
② 최무선의 건의로 화통도감을 설치하였다.
③ 박위가 왜구의 근거지인 쓰시마를 토벌하였다.
④ 원의 강요로 두 차례에 걸쳐 일본 원정에 동원되었다.

6. 밑줄 친 '이 시대'의 사회 모습으로 가장 적절치 않은 것은?

> 팔관회는 이 시대에서 매우 중요하게 여긴 국가적인 불교 의례로 하늘의 신령과 5악(岳), 명산(名山), 대천(大川)과 용신(龍神)을 섬겼다. 기본적으로 불교 행사였지만 유교, 풍수지리설, 민간 신앙 등이 융합된 행사였다. 송의 상인, 여진과 탐라의 사절들까지 와서 축하의 선물을 바치고 무역을 하였다.

① 전국에 많은 동성 마을이 만들어졌다.
② 왕실에서는 근친혼이 빈번하게 이루어졌다.
③ 혼인한 이후 처가살이를 하는 경우가 많았다.
④ 양민의 대다수는 농민으로, 백정이라고 불렸다.

7. 다음 (가)와 (나)에 대한 설명으로 옳지 않은 것은?

> 승려 일연은 불교 관련 설화나 야사를 폭넓게 수록한 (가)을/를 편찬하였다. 이승휴는 자신이 살던 시기까지 우리 역사와 중국 역사를 대등한 입장에서 시로 기록한 (나)을/를 편찬하였다.

① (가) – 왕력 · 기이 등 9편목으로 구성되었다.
② (가) – 괴력난신을 다룬 내용은 서술하지 않았다.
③ (나) – 고조선 계승 의식을 바탕으로 저술하였다.
④ (나) – 발해사를 최초로 우리 역사로 기록하였다.

8. 빈칸에 들어갈 국왕에 대한 설명으로 옳은 것은?

> ○○은/는 왕식렴의 도움을 받아 즉위했으며, 왕식렴의 세력 기반인 서경으로 천도하려고 하였다. 수도를 서경으로 옮겨 태조의 뜻을 받들어 북진 정책을 추진하고자 하였다.

① 광군 30만을 조직하였다.
② 경순왕을 사심관으로 임명하였다.
③ 대상 준홍, 좌승 왕동을 숙청하였다.
④ 12목을 설치하고 지방관을 파견하였다.

9. 밑줄 친 '이 왕' 때의 역사적 사실로 옳지 않은 것은?

> 집현전은 모범이 되는 제도 연구와 서적 편찬 사업을 주된 임무로 하였다. 그러나 이 왕 때 단종 복위 모의 사건으로 혁파되었다. 주모자들이 대부분 집현전 출신이었으며, 집현전 관계자들 가운데 이 왕의 즉위를 반대하는 이들이 많았기 때문이었다.

① 유향소를 폐지하였다.
② 군역을 정비하여 보법을 시행하였다.
③ 신숙주, 남이가 여진족을 토벌하였다.
④ 의정부 서사제를 중심으로 국정을 운영하였다.

10. 밑줄 친 '이것'이 제작된 시기의 문화재로 옳은 것은?

> 이것을 혜정교와 종묘 앞에 처음으로 설치하여 해 그림자를 관측하였다. … "구리를 부어서 그릇을 만들었는데, 모양이 가마솥과 같다. 지름에는 둥근 송곳을 설치하여 북에서 남으로 마주 대하게 했고, 움푹 파인 곳에서 선이 휘어서 돌게 했으며, 점을 깨알같이 찍었는데, 그 안에 천체의 움직임을 그렸다. … 길가에 설치한 것은 보는 사람이 모이기 때문이다."라고 하였다.

① 법주사 팔상전
② 해인사 장경판전
③ 경천사 10층 석탑
④ 연가 7년명 금동 여래 입상

11. 밑줄 친 '학파'에 속한 학자들에 대한 설명으로 옳지 않은 것은?

> 일부 실학자들은 농촌 사회의 안정을 위하여 농민의 입장에서 각종 제도의 개혁을 추구하였다. 이들은 경세치용 학파라고 불리는데, 토지 제도의 개혁을 가장 중요하게 생각하였다.

① 이익은 노비 제도, 문벌 제도를 비판하였다.
② 박제가는 생산을 위해 적절한 소비를 주장하였다.
③ 유형원은 평생 농촌에 살면서 학문 연구에 몰두하였다.
④ 정약용은 『목민심서』에서 지방 행정의 개혁을 주장하였다.

12. 다음 민란에 대한 설명으로 옳은 것은?

> 우병사 백낙신이 부임한 이래 한 짓은 법에 어긋나고 인정에 거슬리지 않는 것이 없고, 오로지 자기 이익만을 추구하였다. 신유년 겨울 환곡을 받아들일 때 돈으로 계산하여 덧붙여 먹은 것이 4,100여 냥이다.

① 백정 출신인 임꺽정이 주도하였다.
② 정부는 안핵사 박규수를 파견하였다.
③ 황토현에서 관군을 크게 격파하였다.
④ 평안도 지역의 차별에 항거한 봉기였다.

13. 다음 (가)~(라) 국가에 대한 설명으로 옳지 않은 것은?

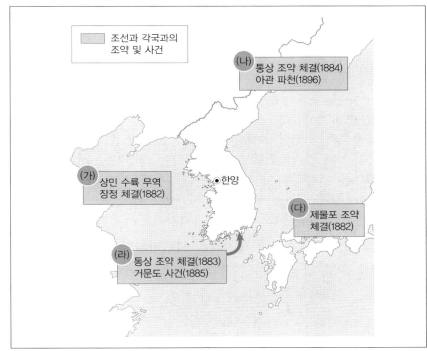

① (가) - 임오군란을 진압하였다.
② (나) - 절영도를 조차하려고 하였다.
③ (다) - 내정 개혁을 명분으로 경복궁을 점령했다.
④ (라) - 일본과 가쓰라-태프트 밀약을 체결하였다.

14. 밑줄 친 '그'의 저술로 옳은 것은?

> 그는 한국사도 세계사의 보편적인 발전 과정을 따라 자본주의 사회로 발전해 왔다고 주장하였다. 그리고 마르크스 유물 사관에 입각하여 민족주의 역사학의 정신주의와 식민사관의 정체성론을 모두 비판하였다.

① 한국통사
② 조선사 연구초
③ 조선봉건사회경제사
④ 5천 년간 조선의 얼

15. 다음 자료가 발표된 이후의 역사적 사실로 옳은 것은?

> • 외국인에게 의지하지 말고 관원과 백성이 마음을 함께 하며 힘을 합하여 전제황권을 굳게 할 것
> • 재정은 탁지부에서 모두 관리하고, 다른 부서는 간섭할 수 없게 하고, 예산과 결산을 국민에게 공포할 것

① 군국기무처가 설치되었다.
② 8도를 23부로 개편하였다.
③ 친위대와 진위대를 설치하였다.
④ 내장원 산하에 서북 철도국을 두었다.

16. 밑줄 친 단체의 산하에서 조직된 부대에 대한 설명으로 옳은 것은?

> 중국 관내에서 의열단, 한국 독립당, 조선 혁명당 등은 민족 혁명당을 창당하였다. 이후 민족 혁명당은 조선 민족 혁명당으로 이름을 바꾸었다. 조선 민족 혁명당을 중심으로 사회주의 계열 단체들은 연합하여 조선 민족 전선 연맹을 결성하였다.

① 양세봉의 지휘 아래 일본군을 격파하였다.
② 미얀마, 인도 전선에 대원들을 파견하였다.
③ 국내 진공 작전을 위해 정진군을 편성하였다.
④ 중국 관내에서 조직된 최초의 한인 군사 조직이다.

17. 다음 자료의 민족 운동과 관련된 내용으로 옳은 것은?

> 교육은 우리의 진로를 개척하는데 유일한 방편이요, 수단임이 분명하다. … 우리의 생존을 유지하며 문화의 창조와 향상을 기도하려면, 대학의 설립 빼고는 다른 길이 없도다. … 만천하 동포에게 민립 대학의 설립을 제창하노니, 형제자매는 모두 와서 성원하라.

① 조만식을 중심으로 평양에서 먼저 시작하였다.
② 조선일보, 동아일보 등 언론과 학생들이 주도하였다.
③ '한민족 1천만이 한 사람 1원씩'이라는 구호를 내세웠다.
④ 조선 총독부는 이를 민족 운동으로 규정하여 관련자를 구속하였다.

18. 다음 (가)와 (나) 사이의 시기에 들어갈 일제의 정책으로 가장 적절치 않은 것은?

> (가) 일제는 한국인을 정치에 참여시킨다고 선전하기 위해 중추원이라는 자문 기구를 설치하였다.
> (나) 일제는 보통학교 교육을 4년에서 6년으로 연장하였다.

① 회사령을 폐지하였다.
② 토지 조사령을 공포하였다.
③ 치안 유지법을 제정하였다.
④ 보통 경찰 제도를 실시하였다.

19. 빈칸에 들어갈 인물이 대통령으로 있던 시기의 사실로 옳은 것은?

> 5·18 민주화 운동 이후 대통령 임기 7년 단임과 대통령 선거인단에 의한 간선제 선출 등을 담은 헌법 개정이 이루어졌다. 새 헌법에 따라 선출된 ○○○이 제12대 대통령으로 취임하였다.

① 미국의 요청으로 베트남 파병이 결정되었다.
② 국가 재건 최고 회의를 통해 군정을 실시하였다.
③ 서울대생 박종철이 경찰의 고문으로 사망하였다.
④ 김대중이 일본에서 중앙정보부에 의해 납치되었다.

20. 다음은 어느 인물의 연보이다. 이 인물에 대한 설명으로 옳지 않은 것은?

> 1881. 부산에서 출생
> 1919. 신한 청년당의 대표로 파리 강화 회의에 파견
> 1944. 대한민국 임시 정부의 부주석으로 취임
> 1950. 6·25 전쟁 중 납북됨.

① 반민족 행위 특별 조사 위원회에 참여하였다.
② 여운형과 함께 좌우 합작 위원회를 구성하였다.
③ 남북한 통일 정부를 수립해야 한다고 주장하였다.
④ 남조선 과도 입법 의원의 초대 의장으로 선임되었다.

수고하셨습니다.
당신의 합격을 응원합니다.

2025 공무원 시험 대비 적중동형 모의고사
한국사
▌제2회 ▐

응시번호	
성 명	

문제책형

제1과목	국어	제2과목	영어	제3과목	한국사
제4과목		제5과목			

응시자 주의사항

1. **시험시작 전 시험문제를 열람하는 행위나 시험종료 후 답안을 작성하는 행위를 한 사람**은 「지방 공무원 임용령」 제65조 등 관련 법령에 의거 **부정행위자**로 처리됩니다.
2. 시험이 시작되면 문제를 주의 깊게 읽은 후, **문항의 취지에 가장 적합한 하나의 정답만을 고르며**, 문제내용에 관한 질문은 할 수 없습니다.
3. **답안은 문제책 표지의 과목 순서에 따라 답안지에 인쇄된 순서에 맞추어 표기**해야 하며, 과목 순서를 바꾸어 표기한 경우에도 문제책 표지의 과목 순서대로 채점되므로 유의하시기 바랍니다.
4. 법령, 고시, 판례 등에 관한 문제는 **2025년 4월 30일 현재 유효한 법령, 고시, 판례 등을 기준**으로 정답을 구해야 합니다. 다만, 개별 과목 또는 문항에서 별도의 기준을 적용하도록 명시한 경우에는 그 기준을 적용하여 정답을 구해야 합니다.
5. **시험시간 관리의 책임은 응시자 본인에게 있습니다.**
   ※ 문제책은 시험종료 후 가지고 갈 수 있습니다.

ⓘ
정답공개 및 이의제기 안내

1. 정답공개 일시: 정답가안 6.21.(토) 14:00 / 최종정답 6.30.(월) 18:00
2. 정답공개 방법: 사이버국가고시센터(www.gosi.kr) ➜ [시험문제 / 정답 → 문제 / 정답 안내]
3. 이의제기 기간: 6.21.(토) 18:00 ~ 6.24.(화) 18:00
4. 이의제기 방법
   ■ 사이버국가고시센터 ➜ [시험문제 / 정답 → 정답 이의제기]
   ■ 구체적인 이의제기 방법은 정답가안 공개 시 공지 예정

한 국 사

1. 밑줄 친 '이 지역'에서 전개된 역사적 사실로 옳은 것은?

> 이 지역은 통일 신라 말기 예성강 주변을 기반으로 성장한 왕건
> 의 아버지가 궁예에게 귀부하면서 역사 무대 전면에 등장하였
> 다. 919년 고려의 수도로 자리 잡은 이래 430여 년간 고려의
> 정치·경제의 중심지이자 주요한 생활 공간이었다.

① 북한산비가 건립되었다.
② 안동 도호부가 설치되었다.
③ 주세붕이 백운동 서원을 세웠다.
④ 조선 후기에 송상이 활동하였다.

2. 다음 자료와 관련된 시기의 역사적 사실로 옳은 것은?

> ○○○ 정부의 출범은 5·16 군사 정변 이후 30여 년 만에 군
> 인이 아닌 민간인 출신의 대통령이 등장하였다는 데에 의의가
> 있었다. 이 정부는 제5공화국 비리 청산 등 일련의 개혁 정책을
> 추진하였다.

① 금융 실명제를 실시하였다.
② 노사정 위원회를 구성하였다.
③ 교복 자율화 정책을 실시하였다.
④ 언론 기관을 통폐합하고 보도 지침을 내렸다.

3. 밑줄 친 '이 시기'의 경제 모습으로 옳은 것은?

> 이 시기에 들어와 미국의 원조가 축소됐으며, 무상 원조가 유상
> 차관으로 전환되기 시작하였다. 이에 따라 경제 불황이 닥쳤으
> 며, 경제 성장률도 크게 감소하였다. 한편, 정부는 이러한 위기
> 에 제대로 대처하지 못하여 여론이 크게 악화되었다.

① 제분, 제당 등 삼백 산업이 성장하였다.
② 1차 경제 개발 5개년 계획을 추진하였다.
③ 1·2차 석유 파동으로 경제 위기를 맞이하였다.
④ 국제 통화 기금(IMF)의 긴급 금융 지원을 받았다.

4. 밑줄 친 인물이 조직한 단체에 대한 설명으로 옳은 것은?

> 임병찬은 총독 면담을 요청하며 데라우치 총독과 일본 내각 총
> 리에게 국권 반환 요구서를 보내기도 하였으나 결국 수감되었
> 고, 옥중에서 수차례 자살을 기도하였으나 뜻을 이루지 못하고
> 거문도로 유배되어 병사하였다.

① 공화주의를 목표로 하였다.
② 국내에서 비밀 결사의 형태로 활동하였다.
③ 군자금을 마련하다가 일제 경찰에게 발각되었다.
④ 조선 국권 회복단과 대한 광복단이 통합된 단체이다.

5. 밑줄 친 '회의'에 대한 설명으로 옳지 않은 것은?

> 본 회의는 2천만 민중의 공의를 지키는 국민적 대회합으로서,
> 최고의 권위에 의해 국민의 완전한 통일을 견고하게 하며 …
> 3·1 운동으로써 우리 민족의 정신적 통일은 이미 표명되었다.
> … 본 대표들은 국민이 위탁한 사명을 받아 통일적 기관 하에서
> 대업을 기성하려 한다.

① 대동단결 선언을 발표하였다.
② 창조파와 개조파가 대립하였다.
③ 신채호, 박용만 등이 개최를 요구하였다.
④ 회의 결렬 이후, 임시 정부는 크게 위축되었다.

6. 밑줄 친 '이 신문'에 대한 설명으로 옳은 것은?

> 이 신문은 영국인 베델을 발행인 겸 편집인으로 내세워 일제의
> 사전 검열과 언론 탄압을 피할 수 있었다. 일제는 사전 검열에서
> 의병을 '비도' 혹은 '폭도'로 표현하도록 강요하였으나, 이 신문
> 은 사실 그대로 의병 운동으로 보도하였다.

① 최초의 한글 신문이었다.
② '여권통문'을 처음 보도하였다.
③ 신민회의 기관지 역할을 하였다.
④ 관보적 성격을 띠고 한문으로 발행되었다.

7. 밑줄 친 '나'에 대한 설명으로 옳지 않은 것은?

> 서양 오랑캐들이 여러 나라들을 침략한 것은 본래 있었지만, …
> 나에게 마음속으로 굳게 정한 세 가지 일이 있으니, 이 군은 맹
> 세를 알고 나의 뒤를 따르라.
> 첫째, 고통을 참지 못하고서 화친하는 것은 나라를 팔아먹는 행
> 위이다.
> 둘째, 그들의 해악을 참지 못하고 교역을 허락한다면 이는 나라
> 를 망하게 하는 행위이다.

① 순무영을 설치하였다.
② 『대전회통』을 편찬하였다.
③ 무위영과 장어영을 설치하였다.
④ 통상 수교 거부 정책을 추진하였다.

8. 우리나라 유네스코 세계 유산에 대한 설명으로 옳지 않은 것은?

① 천마총은 돌무지덧널무덤이다.
② 무령왕릉은 계단식 돌무지무덤이다.
③ 고령 지산동 고분군은 대가야의 유적지이다.
④ 종묘는 조선 역대 왕과 왕비의 신주를 모신 사당이다.

9. 빈칸에 들어갈 국왕의 업적으로 옳은 것은?

○○은/는 전통 문화를 계승하면서 중국과 서양의 과학 기술을 받아들였다. 중국의 『고금도서집성』을 수입하여 학문 정치의 기초를 다졌다. 그 밖에, 외교 문서를 정리한 『동문휘고』, 병법서인 『무예도보통지』 등을 편찬하여 문물 제도를 재정비하였다.

① 공노비를 해방시켰다.
② 훈련별대를 창설하였다.
③ 노비종모법을 확정하였다.
④ 박제가 등 서얼을 중용하였다.

10. 다음은 조선 후기의 수취 제도와 관련된 내용이다. 이를 실시된 순서대로 바르게 나열한 것은?

㉠ 토지 1결당 쌀 2두의 결작을 부과하였다.
㉡ 경기도에서 대동법이 처음으로 실시되었다.
㉢ 풍흉에 관계 없이 전세를 결당 4~6두로 고정시켰다.
㉣ 지역별로 총액을 미리 정해 수취하는 총액제를 실시하였다.

① ㉡-㉠-㉢-㉣   ② ㉡-㉢-㉠-㉣
③ ㉡-㉣-㉢-㉠   ④ ㉢-㉡-㉠-㉣

11. 밑줄 친 '그'에 대한 설명으로 옳은 것은?

그는 『성학집요』에서 왕은 열심히 수양하여 성인의 인격을 갖추고, 현명한 신하를 찾아서 정치를 위임해야 한다고 주장하였다. 이는 현명한 신하가 성학을 군주에게 가르쳐 기질을 변화시켜야 한다고 강조한 것이다.

① 일원론적 이기이원론을 주장하였다.
② 곽재우, 정인홍 등의 제자를 배출하였다.
③ 도덕적 행위의 근거로 '이(理)'를 중시하였다.
④ 위훈 삭제를 주장하여 훈구 세력의 반발을 샀다.

12. 밑줄 친 인물의 재위 기간에 있었던 일로 옳은 것은?

영의정 황희·우의정 하연·예조 판서 김종서·좌참찬 이숙치·우참찬 정인지 등을 부르고 수양 대군과 도승지 이승손에게 명하여 전지하기를, "전자에 내가 세자에게 선위(禪位)하고 한가롭게 있으면서 병을 수양하고자 하였더니, 경들이 울면서 청하기를 … 이제 군국(軍國)의 중한 일 외의 일체 서무(庶務)를 세자로 대신 다스리게 하고자 한다." 하였다.

① 사병 혁파를 단행하였다.
② 오위도총부를 설치하였다.
③ 『국조오례의』를 편찬하였다.
④ 예비군인 잡색군을 설치하였다.

13. 다음 (가)와 관련된 사실로 옳은 것은?

모든 관리들을 소집해 [(가)] 을/를 상국으로 대우하는 일의 가부를 의논하게 하자 모두 불가하다고 했으나, 이자겸과 척준경만이 찬성하고 나섰다.

① (가)의 침입으로 개경이 함락되었다.
② (가)는 강조의 정변을 빌미로 침략하였다.
③ 윤관이 별무반을 이끌고 (가)를 정벌하였다.
④ 처인성에서 (가)의 총사령관 살리타가 사살되었다.

14. 밑줄 친 '왕'에 대한 설명으로 옳지 않은 것은?

후주에서 장작감 설문우를 보내와 … 백관의 의관은 중국의 제도를 따르게 하였다. 전 절도순관 대리평사 쌍기가 설문우를 따라 왔다가 병에 걸려서 머무르게 되었다. 병이 낫자 왕이 불러서 보는데, 왕의 뜻에 잘 맞았으므로 왕이 그의 재주를 아껴서 표(表)를 올려 고려의 관료로 삼기를 청하고, 마침내 발탁하여 임용하였다.

① 노비환천법을 실시하였다.
② 독자적인 연호를 사용하였다.
③ 왕권 강화를 위해 공신을 숙청하였다.
④ 귀법사를 창건하여 불교를 장려하였다.

15. 다음 자료와 관련된 시기의 경제 상황으로 옳은 것은?

> 각 관청에 소속된 공장들은 국가에서 필요로 하는 물품을 만들었다. 한편, 소와 사원에서도 전문적으로 수공업품을 생산하였다. 소에서는 금, 은, 종이 등 특정 물품을 생산하여 나라에 바쳤다. 사원에서는 품질 좋은 직물, 기와 등을 만들어 팔았다.

① 솔빈부의 말을 특산물로 수출하였다.
② 울산항이 국제 무역항으로 번성하였다.
③ 송나라에서 비단, 서적 등을 수입하였다.
④ 국경 지대에서 개시 · 후시 무역이 이루어졌다.

16. 다음 (가)에 대한 설명으로 옳지 않은 것은?

> (가) 이/가 당 태종 앞에 꿇어앉아 말하기를, "우리나라가 바다 귀퉁이에 치우쳐 있어 당을 섬긴 지 이미 여러 해인데, 백제가 군세고 교활하여 여러 번 마음대로 침략하고, … 수십 성을 공격, 함락시켜 중국으로 들어가는 길을 막았습니다. 만약 폐하께서 당의 군사를 보내시어 백제를 없애 주지 않으면, 우리 백성들은 전부 사로잡혀 조공도 할 수 없을 것입니다."라고 하였다.

① 최초의 진골 출신 국왕이다.
② 보장왕에게 군사를 요청하였다.
③ 김유신의 도움을 받아 왕위에 올랐다.
④ 계림 도독부가 설치되면서 도독에 임명되었다.

17. (가)와 (나) 사이에 들어갈 역사적 사실로 옳지 않은 것은?

> (가) 고구려에서 왕권이 강화되어 계루부의 고씨가 왕위를 독점적으로 세습하였다.
> (나) 고구려가 왜군과 싸우는 신라를 돕기 위해 5만의 군대를 보내어 가야 지역을 공격하였다.

① 고구려가 낙랑군을 점령하였다.
② 백제는 왕위의 부자 상속제를 확립하였다.
③ 백제는 중국 양나라와 외교 관계를 강화하였다.
④ 신라는 박 · 석 · 김의 3성이 교대로 왕위를 차지하였다.

18. 밑줄 친 '이 왕' 때의 사실로 옳은 것은?

> 이 왕 때, 적들이 나라의 수도 서남쪽 방면에서 일어나 붉은색 바지를 입어 스스로 달리 하매, 사람들이 적고적이라 불렀다. 그들은 신라의 주와 현을 무찌르고 경주의 서쪽 모량리에 이르러 민가를 약탈하였다.

① 향가 모음집인 『삼대목』을 편찬하였다.
② 상대등 비담과 염종 등이 반란을 일으켰다.
③ 무열왕계인 김주원이 왕위 다툼에서 패배하였다.
④ 왕위 쟁탈전에 가담했던 장보고가 반란을 일으켰다.

19. 밑줄 친 '그'에 대한 설명으로 옳은 것은?

> 그는 『금강삼매경론』, 『대승기신론소』와 같은 저술을 남겨 불교를 이해하는 기준을 확립하였다. 그리고 화쟁 사상을 주장하여 여러 종파를 융합하려 하였다.

① 김제 금산사를 중심으로 활동하였다.
② 진골 출신으로, 계율종을 개창하였다.
③ 아미타 신앙을 자신이 직접 전도하였다.
④ 당나라에 유학가서 화엄학을 배우고 돌아왔다.

20. 다음 풍습을 가진 나라에 대한 설명으로 옳은 것은?

> 장사 지낼 때는 큰 나무로 곽을 만드는데, … 가매장을 하여 겨우 시체가 덮일 만큼만 묻었다가 가죽과 살이 썩으면 이내 뼈를 취하여 곽 속에 넣는다. 집안 모두가 하나의 곽에 함께 들어간다.

① 정치와 종교가 분리된 사회였다.
② 매년 10월마다 제천 행사를 열었다.
③ 제가들이 사출도를 나누어 다스렸다.
④ 각종 특산물을 고구려에 공물로 바쳤다.

수고하셨습니다.
당신의 합격을 응원합니다.

2025 공무원 시험 대비 적중동형 모의고사
한국사
▌제3회 ▌

응시번호		문제책형
성 명		

제1과목	국어	제2과목	영어	제3과목	한국사
제4과목		제5과목			

한 국 사

1. 다음 자료와 관련 있는 국가에 대한 설명으로 옳은 것은?

> 해마다 5월이면 씨뿌리기를 마치고 귀신에게 제사를 지낸다. 떼를 지어 모여서 노래와 춤을 즐긴다. 술 마시고 노는데 밤낮을 가리지 않는다. … 10월에 농사일을 마치고 나서도 이렇게 한다.

① 서옥제라는 혼인 풍습이 있었다.
② 가축 이름을 딴 마가, 우가 등이 있었다.
③ 여러 고을에 소도라는 별읍이 존재하였다.
④ 다른 읍락을 침범하면 노비, 소, 말로 배상하였다.

2. 밑줄 친 '왕'에 대한 설명으로 옳은 것은?

> 진나라 왕 부견이 사신과 승려인 순도를 파견하여 불상과 경문을 보내왔다. 왕이 사신을 보내 답례로 토산물을 바쳤다. … 처음으로 초문사를 창건하여 순도에게 절을 맡겼다. 또한 이불란사를 창건하여 아도에게 절을 맡기니 이것이 해동불법(佛法)의 시초가 되었다.

① 율령을 반포하였다.
② 『서기』를 편찬하였다.
③ 평양으로 천도하였다.
④ 전륜성왕임을 자처하였다.

3. (가), (나) 사이에 있었던 역사적 사실로 옳은 것은?

> (가) 대공 각간의 적도가 일어나자 96각간이 서로 싸우게 되어 크게 어지러워졌다.
> (나) 웅천주 도독 헌창은 그 아비 주원이 앞서 왕위에 오르지 못한 것을 이유로 반란을 일으켰다.

① 상대등을 설치하였다.
② 독서삼품과를 실시하였다.
③ 김흠돌의 난을 진압하였다.
④ 사벌주에서 원종이 난을 일으켰다.

4. 밑줄 친 '왕'에 대한 설명으로 옳은 것은?

> 왕은 개로왕의 아들로, 개로왕의 왕비가 왜국으로 가다가 섬에서 아들을 낳았는데, 그 이름을 섬에서 낳았다 하여 사마(斯摩)라고 지었다고 전해진다.

① 웅진으로 수도를 옮겼다.
② 지방에 22담로를 설치하였다.
③ 노리사치계를 일본에 파견했다.
④ 평양성에서 고국원왕을 전사시켰다.

5. 다음 역사서에 대한 설명으로 옳은 것은?

> 첫머리에 말한다. 대체로 옛 성인들은 예악으로 나라를 일으키고 인의로 가르침을 베푸는 데 있어 괴력난신(怪力亂神)을 말하지 않았다. … 그러므로 삼국의 시조들이 모두 신기한 일로 탄생했음이 어찌 괴이하겠는가.

① 승려 각훈이 왕명에 따라 편찬하였다.
② 고구려의 건국 설화를 5언시체로 재구성하였다.
③ 고조선 계승 의식에 입각해 단군 신화를 수록하였다.
④ 유교적 합리주의 사관에 따라 신이 사관을 배격하였다.

6. 다음 중 돌무지덧널무덤에 대한 설명으로 옳은 것은?
① 무덤의 구조는 중국 남조의 영향을 받았다.
② 도굴이 어려워 많은 껴묻거리가 발굴되었다.
③ 봉토 주위에 둘레돌을 두르고 12지신상을 조각하였다.
④ 백제 건국 세력이 고구려 계통임을 보여 주는 무덤 양식이다.

7. 다음 시무책을 수용한 국왕 때의 사실로 옳지 않은 것은?

> 우리 태조께서 개국한 이래로 신이 알게 된 것은 모두 신의 마음에 새기고 있습니다. 이제 태조로부터 경종에 이르기까지 다섯 왕의 정치와 교화에서 본받을 만하거나 경계로 삼을 만한 잘잘못을 기록하고, 시무책을 조목별로 나누어 국왕께 올립니다.

① 최초의 화폐인 건원중보가 제작되었다.
② 교육 조서를 반포하고 국자감을 정비하였다.
③ 당의 제도를 토대로 중앙 관제를 정비하였다.
④ 유교 이념과는 별도로 연등회, 팔관회를 장려하였다.

8. 고려의 지방 행정 제도에 대한 설명으로 옳지 않은 것은?

① 전국을 크게 5도와 양계, 경기로 나누었다.

② 도에는 안찰사, 계에는 병마사가 파견되었다.

③ 상수리 제도를 실시하여 지방 세력을 통제하였다.

④ 지방관이 파견되지 않은 속현 등이 다수 존재하였다.

9. 다음 자료와 관련된 사건에 대한 설명으로 옳은 것은?

> 왕이 어느 날 홀로 한참 동안 통곡하였다. 이자겸의 십팔자(十八字)가 왕이 된다는 비기(秘記)가 원인이 되어 왕위를 찬탈하려고 독약을 떡에 넣어 왕에게 드렸던 바, 왕비가 은밀히 왕에게 알리고 떡을 까마귀에게 던져주었더니 그 까마귀가 그 자리에서 죽었다.

① 문벌 귀족 사회의 붕괴를 촉진하는 계기가 되었다.

② 강조가 군사를 일으켜 개경에 들어와 왕을 폐위시켰다.

③ 정중부, 이의방 등이 정변을 일으켜 문신들을 살해하였다.

④ 신채호는 이 사건을 '조선 일천년래 제일대사건'이라고 평가하였다.

10. 제시된 자료와 관련 있는 왕에 대한 설명으로 옳은 것은?

> 혹독한 형벌을 없애라는 명을 내리시니 살리기를 좋아하는 덕이 성대하였다. … 정포(丁布)를 고루 줄이신 은혜로 말하면 천명을 받아 백성을 보전할 기회에 크게 부합되었거니와 위를 덜어 아래를 더하며 어염세(魚鹽稅)도 아울러 감면되고, 여자·남자가 기뻐하여 양잠·농경이 각각 제자리를 얻었습니다.

① 대유둔전이라는 국영 농장을 설치하였다.

② 서원을 붕당의 근거지로 여겨 대폭 정리하였다.

③ 수령이 군현 단위의 향약을 직접 주관하게 하였다.

④ 대동법을 경상도·황해도 지방까지 확대·실시하였다.

11. 밑줄 친 '그'의 재위 기간에 대한 설명으로 옳은 것은?

> 그는 왕권을 안정시키기 위해 권세있는 신하는 공신이든 처남이든 가리지 않고 처단하고, 6조를 직접 장악하여 의정부 재상 중심의 정책 운영을 국왕 중심 체제로 바꾸었다.

① 5위제를 확립하였다.

② 집현전을 육성하였다.

③ 호패법을 실시하였다.

④ 『경국대전』이 편찬되었다.

12. 다음 사건들을 순서대로 바르게 나열한 것은?

> ㉠ 정묘호란   ㉡ 인조반정
> ㉢ 이괄의 난   ㉣ 나선 정벌

① ㉡-㉠-㉢-㉣   ② ㉡-㉢-㉠-㉣

③ ㉡-㉢-㉣-㉠   ④ ㉢-㉡-㉠-㉣

13. 다음 자료와 관련된 역사적 사건에 대한 설명으로 옳은 것은?

> 이날 밤 우정국에서 낙성연을 열었는데 총판 홍영식이 주관하였다. 연회가 끝나갈 무렵 담장 밖에 불길이 일어나는 것이 보였다. 이때 민영익도 우영사로서 연회에 참가하였다가 불을 끄기 위해 먼저 일어나 문 밖으로 나갔다. 밖에 흉도 여러 명이 휘두른 칼을 맞받아치다가 민영익이 칼에 맞아 당상 위로 돌아와 쓰러졌다.

① 중국 연호의 사용을 폐지하였다.

② 의회식 중추원 관제를 결의하였다.

③ 일본의 강요로 한성 조약을 체결하였다.

④ 흥선 대원군이 재집권하여 사태를 수습하였다.

14. (가)~(라)의 시기에 있었던 역사적 사실로 적절한 것은?

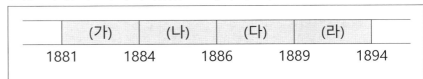

(가)	(나)	(다)	(라)
1881	1884	1886	1889	1894

① (가) - 육영 공원을 설립하였다.

② (나) - 서양식 병원인 광혜원이 설립되었다.

③ (다) - 박문국에서 한성순보를 발행하였다.

④ (라) - 대한 천일 은행이 설립되었다.

15. 밑줄 친 '이 단체'의 활동으로 옳지 않은 것은?

> 탑골 공원에 모인 수많은 학생과 시민이 독립 선언식을 거행하고 만세를 불렀다. 이후 만세 시위는 각계각층이 참여하며 전국으로 확산하였다. 이를 계기로 독립운동을 더욱 조직적으로 전개해야 한다는 공감대가 형성되어 이 단체가 만들어졌다.

① 비밀 행정 조직인 연통제를 운영하였다.
② 이승만, 박은식 등이 대통령으로 활동하였다.
③ 외교 활동을 위해 미국에 구미 위원부를 두었다.
④ 일제에 의해 조작된 105인 사건으로 탄압을 받았다.

16. (가)와 (나) 사이의 시기에 들어갈 역사적 사실로 옳지 않은 것은?

> (가) 일본은 군인과 낭인 무사들을 동원하여 궁궐에 침입하고 명성 황후를 시해하는 만행을 저질렀다.
> (나) 일본은 뤼순항을 기습적으로 공격하고, 러시아에 선전포고하였다.

① 대한국 국제를 반포하였다.
② 양지아문과 지계아문을 설치하였다.
③ 인재 등용을 위해 과거 제도를 폐지하였다.
④ 음력을 폐지하고 양력을 사용하기 시작하였다.

17. 다음 인물에 대한 설명으로 옳은 것은?

> 이제 우리는 무기 휴회된 미·소 공동 위원회가 재개될 기색도 보이지 않으며, 통일 정부를 고대하나 여의케 되지 않으니, 우리는 남방만이라도 임시 정부 혹은 위원회 같은 것을 조직하여 38 이북에서 소련이 철퇴하도록 세계 공론에 호소하여야 될 것이니 여러분도 결심하여야 될 것이다.

① 임시 정부의 대통령을 역임하였다.
② 국민 대표 회의에서 개조파로 활동하였다.
③ 동학 접주로서 농민 전쟁에 참전하였다.
④ 평양에서 열린 남북 협상 회의에 참석하였다.

18. 다음 선언을 채택한 단체에 대한 설명으로 옳은 것은?

> 우리는 우리의 생존의 적인 강도 일본과 타협하려는 자나 강도 정치 하에서 기생하려는 주의를 가진 자나 다 우리의 적임을 선언하노라. … 민중은 우리 혁명의 중심부이다. 폭력은 우리 혁명의 유일한 무기이다.

① 김구가 상하이에서 조직하였다.
② 민족 혁명당 창당을 주도하였다.
③ 이봉창, 윤봉길 등이 이 단체에 속하였다.
④ 독립군 기지 건설을 통한 무장 투쟁을 준비하였다.

19. 다음 중 중·일 전쟁 이후에 추진된 일제의 교육 정책으로 옳은 것을 모두 고르면?

> ㉠ 소학교가 국민학교로 개칭되었다.
> ㉡ 서당 규칙을 제정하여 민족 교육을 탄압하였다.
> ㉢ 조선어를 수의 과목(＝선택 과목)으로 지정하였다.
> ㉣ 보통학교의 수업 연한을 기존 4년에서 6년으로 연장하였다.

① ㉠, ㉢
② ㉠, ㉣
③ ㉡, ㉢
④ ㉢, ㉣

20. 다음 자료와 관련된 민주화 운동에 대한 설명으로 옳은 것은?

> 국가의 미래요 소망인 꽃다운 젊은이를 야만적인 고문으로 죽여놓고 … 현 정권에게 국민의 분노가 무엇인지를 분명히 보여주고, 국민적 여망인 개헌을 일방적으로 파기한 4·13 호헌 조치를 철회시키기 위한 민주 장정을 시작한다.

① 이승만 대통령이 하야하는 계기가 되었다.
② 민주 헌법 쟁취 국민운동 본부를 설치하였다.
③ 각계 지도층 인사들이 3·1 구국 선언을 발표하였다.
④ 신군부는 공수 부대를 투입하여 무자비한 과잉 진압을 하였다.

수고하셨습니다.
당신의 합격을 응원합니다.

합격까지

2025 공무원 시험 대비 적중동형 모의고사
한국사
▌제4회 ▌

응시자 주의사항

1. **시험시작 전 시험문제를 열람하는 행위나 시험종료 후 답안을 작성하는 행위를 한 사람은** 「지방공무원 임용령」 제65조 등 관련 법령에 의거 **부정행위자로** 처리됩니다.
2. 시험이 시작되면 문제를 주의 깊게 읽은 후, **문항의 취지에 가장 적합한 하나의 정답만을 고르며,** 문제내용에 관한 질문은 할 수 없습니다.
3. **답안은 문제책 표지의 과목 순서에 따라 답안지에 인쇄된 순서에 맞추어 표기해야 하며,** 과목 순서를 바꾸어 표기한 경우에도 문제책 표지의 과목 순서대로 채점되므로 유의하시기 바랍니다.
4. 법령, 고시, 판례 등에 관한 문제는 **2025년 4월 30일 현재 유효한 법령, 고시, 판례 등을 기준**으로 정답을 구해야 합니다. 다만, 개별 과목 또는 문항에서 별도의 기준을 적용하도록 명시한 경우에는 그 기준을 적용하여 정답을 구해야 합니다.
5. **시험시간 관리의 책임은 응시자 본인에게 있습니다.**
   ※ 문제책은 시험종료 후 가지고 갈 수 있습니다.

한 국 사

1. 밑줄 친 '이 시기'에 대한 설명으로 옳은 것은?

> 이 시기의 사람들은 나무를 벨 때 커다란 도끼를 사용하였고, 나무를 다듬을 때는 홈자귀를 사용하였다. 돌괭이로 농사를 짓고 반달 돌칼, 돌낫 등으로 수확물을 거두었다.

① 일부 저습지에서는 벼를 재배하였다.
② 덧띠 토기, 검은 간 토기 등을 사용하였다.
③ 부족 구성원들은 모두 평등하게 생활하였다.
④ 청동제 농기구의 사용으로 농업 생산력이 증가하였다.

2. 다음 문서에 대한 설명으로 옳지 않은 것은?

> 관모전이 4결, 내시령답이 4결, 연수유답이 94결 2부 4속이며 그 중 촌주위답이 19결 70부이다. 밭은 62결, 마전은 1결 정도이다. … 잣나무는 86그루가 있었고, 3년간 34그루를 새로 심었다.

① 촌락을 단위로 기록하였다.
② 토착 세력인 촌주가 작성하였다.
③ 토지의 종류와 면적을 기록하였다.
④ 나이에 따라 9등급으로 구분하였다.

3. 다음 (가) 인물에 대한 설명으로 옳은 것은?

> 당나라의 팽창에 위기감을 느낀 고구려는 당의 침입에 대비하여 16년에 걸쳐 천리장성을 쌓았다. 이때 천리장성 공사를 감독하며 요동의 군사력을 장악한 (가) 이/가 정변을 일으켜 집권하였다.

① 황산벌에서 백제군을 물리쳤다.
② 살수에서 수나라 대군을 격파하였다.
③ 영류왕을 비롯한 반대 세력을 제거하였다.
④ 대가야를 정벌하여 낙동강 유역을 확보하였다.

4. 다음 조서를 발표한 국왕 때의 사실로 옳은 것은?

> 지난날 신라의 정치가 쇠하여 도적들이 다투어 일어나고 백성들은 난리 통에 그들의 폭골(曝骨)이 들판에 널렸다. 전 임금이 온갖 혼란을 평정하고 국가 기초를 닦았으나 말년에 와서는 무고한 백성들에게 피해를 끼쳤고 국가가 멸망하였다. 내가 그 위기를 이어 새 나라를 창건하였는데 백성들에게 고된 노동을 시켜 힘들게 하는 것이 어찌 내가 원하던 일이겠는가?

① 관리의 공복을 제정하였다.
② 외척인 왕규가 반란을 일으켰다.
③ 불교 진흥을 위해 광학보를 설치하였다.
④ 청천강에서 영흥 지방까지 영토를 넓혔다.

5. 밑줄 친 '그'에 대한 설명으로 옳은 것은?

> 그는 고려는 물론이고 송과 요의 대장경에 대한 주석서를 모아 교장을 편찬하였다. 이를 위하여 목록인 신편제종교장총록을 만들고, 교장도감을 설치하여 4,700여 권의 전적을 간행하였다.

① 백련사 결사를 제창하였다.
② 광종 때 중국으로 건너갔다.
③ 원효의 화쟁 사상을 계승하였다.
④ 순천 송광사를 중심으로 활동하였다.

6. 밑줄 친 '그'의 재위 기간에 있었던 사실로 옳지 않은 것은?

> 그는 성덕왕의 아들이고 효성왕의 동생인데, 효성왕이 아들이 없어 739년에 태자가 되었다가 742년에 효성왕을 이어 왕위에 올랐다. 국학에 박사와 조교를 두고 창부와 조부에 관원을 증치하였으며, 천문박사와 누각박사, 율령박사 등을 새로 두었다.

① 백성에게 정전을 지급하였다.
② 집사부 장관을 시중으로 격상하였다.
③ 관직의 이름을 중국식으로 바꾸었다.
④ 발해에서는 대흥이라는 연호를 사용하였다.

7. 다음 (가)와 관련된 역사적 사실로 옳은 것은?

> (가) 의 1차 침입 때 충주성에서는 양반 별초와 노군잡류 별초를 조직하여 성을 지키려 하였다. 그러나 막상 적이 쳐들어오자 양반 별초는 도망쳤고 노군잡류 별초는 끝까지 성을 지켰다.

① 화포를 사용하여 진포에서 격퇴하였다.
② 강동 6주 반환을 요구하며 침입하였다.
③ 김윤후의 활약으로 처인성에서 승리하였다.
④ 별무반을 보내 동북 9성 일대를 확보하였다.

8. 다음 사건의 결과에 대한 설명으로 옳은 것은?

> 정원로가 말하기를 "허견이 말하기를 '주상의 춘추는 젊지만 몸이 자주 아프시고 또 세자가 없으니, 만약 불행한 일이 있으면 대감(복선군)이 임금의 자리에 앉게 될 것입니다.'고 하니, 복선군이 대답이 없었습니다. … 주상께서 영상을 신임하시므로 무고했다는 죄를 입을 것을 두려워하여 주저하다가 이제는 감히 숨길 수 없어서 이를 자세히 아룁니다."라고 하였다.

① 왕비의 외척인 윤임 일파가 제거되었다.
② 인현 왕후가 폐위되고 남인이 집권하였다.
③ 윤휴 등 남인들이 축출되고 서인이 집권하였다.
④ 폐비 윤씨 사사 사건으로 관련자들이 화를 입었다.

9. 다음 조약이 체결된 국왕 때 편찬된 서적으로 옳은 것은?

> 계해년에 세사미두와 세견선에 대한 약조를 정하였다. 대마도 도주에게는 해마다 쌀과 콩을 합하여 200섬을 주기로 하였다. 세견선은 50척으로 하고 만일 부득이하게 보고할 일이 있으면 이 숫자 이외에 특송선을 보내도록 하였다.

① 이륜행실도
② 해동제국기
③ 동국여지승람
④ 신찬팔도지리지

10. 다음 (가)~(다)에 대한 설명으로 옳은 것은?

> <삼국의 무역>
> (가)은/는 남북조 및 북방 민족과 무역을 전개하였고, (나)은/는 남중국 및 왜와 무역을 활발하게 전개하였다. 그리고 (다)은/는 6세기 한강 유역으로 진출한 이후 당항성을 통하여 중국과 직접 교역하였다.

① (가)는 17관등제를 운영하였다.
② (나)는 대대로가 국사를 총괄하였다.
③ (다)는 전국을 5도 양계로 정비하였다.
④ (다)는 직업 군대인 서당이 존재하였다.

11. 다음은 임진왜란의 전개 과정 중 일부 내용이다. (가) 시기에 들어갈 역사적 사실로 옳지 않은 것은?

> 조·명 연합군이 평양성을 탈환하였다.
> ↓
> (가)
> ↓
> 휴전 회담이 결렬되어 왜군이 다시 전쟁을 일으켰다.

① 군제를 개편하여 훈련도감을 설치하였다.
② 원균이 이끄는 수군이 칠천량에서 궤멸당했다.
③ 의주로 피난했던 국왕 일행이 한성으로 돌아왔다.
④ 행주산성에서 권율이 백성들과 함께 적을 물리쳤다.

12. 다음 (가)와 (나)에 들어갈 통치 기구에 대한 설명으로 옳은 것은?

> • (가) 의 주서(注書)는 왕과 신하 간에 오고 간 문서와 국왕의 일과를 매일 기록하였다.
> • 서울에 (나) 을/를 두어 중앙의 현직 관리에게 연고지의 유향소를 통제하도록 하였다.

① (가) - 재상들이 합의하여 국정을 총괄하였다.
② (나) - 수령을 보좌하고 향리를 규찰하였다.
③ (가) - 5품 이하의 관원에 대한 서경권을 가졌다.
④ (나) - 중앙과 지방의 연락 업무를 담당하였다.

13. 다음과 같이 주장한 인물에 대한 설명으로 옳은 것은?

> 조선의 역사는 원래 낭가의 독립사상과 유가의 사대주의로 나눠져 있었다. 그런데 갑자기 불교도인 묘청이 낭가의 이상을 실현하려다 그 거동이 지나치게 이치에 맞지 않음으로써 패망하고 드디어 사대주의파의 천하가 되고 말았다. … 조선의 창업이 유가의 사대주의로 이루어지자 낭가는 완전히 없어지고 말았다.

① '시일야방성대곡'을 발표하였다.
② 민족 정신을 혼(魂)으로 파악하였다.
③ 조선일보에 『조선상고사』를 연재하였다.
④ 양명학을 계승하여 국학 운동을 전개하였다.

14. 다음 역사적 사실들을 순서대로 바르게 나열한 것은?

> ㉠ 이만손 등이 영남 만인소를 올렸다.
> ㉡ 김홍집이 2차 수신사로 일본에 파견되었다.
> ㉢ 이항로·기정진 등이 척화주전론을 주장하였다.
> ㉣ 최익현의 상소를 계기로 흥선 대원군이 하야하였다.

① ㉡-㉢-㉣-㉠
② ㉢-㉣-㉠-㉡
③ ㉢-㉣-㉡-㉠
④ ㉣-㉢-㉡-㉠

15. 밑줄 친 (가), (나)에 대한 설명으로 옳지 않은 것은?

> 보빙사는 1883년 미국에 최초로 파견된 사절단이다. (가)조·미 수호 통상 조약의 체결에 따라 이듬해 푸트 공사가 내한하자, 이에 대한 답례로 사절을 파견하였다. 이들은 40여 일 동안 미국에 체류하면서 미국 문물을 시찰하였다. 이들이 견학한 신문물은 신식 우편 제도, (나)육영 공원 설치에 영향을 미쳤다.

① (가) - 최혜국 대우를 규정하였다.
② (가) - 청나라의 주선으로 체결되었다.
③ (나) - 외국어를 가르치는 통역관 양성소였다.
④ (나) - 헐버트, 길모어 등 미국인 교사를 초빙하였다.

16. 다음 시기에 실시된 일제의 정책으로 가장 적절한 것은?

> 1. 침략 전쟁 확대 → 전시 총동원 기구를 통해 통제
>   ① 애국반 운영: 10개 정도의 집을 하나의 단위로 묶어 조선 총독부의 정책을 실천하도록 한 최말단 기구
>   ② 반상회: 궁성 요배, 황국 신민 서사 제창 등
>   ③ 일상 통제: 배급표에 애국반 반장의 출석 도장 필요, 몸뻬 (일바지) 착용 강요

① 학도 지원병제를 시행하였다.
② 헌병 경찰 제도를 폐지하였다.
③ 경찰범 처벌 규칙이 제정되었다.
④ 회사의 설립은 조선 총독의 허가제로 하였다.

17. 밑줄 친 '특사'로 파견된 인물에 대한 설명으로 옳은 것은?

> 고종은 1907년 네덜란드 헤이그에서 열린 만국 평화 회의에 특사를 파견하여, 을사늑약은 황제가 재가한 바가 없으므로 국제법상 무효라는 사실을 밝히려 하였다. 그러나 대한 제국에 외교권이 없다는 이유로 이들은 회의에 참석하는 것조차 거부당하였다.

① 미국에서 흥사단을 조직하였다.
② 대한 광복군 정부의 대통령으로 선출되었다.
③ 대조선 국민군단에서 군사 훈련을 실시하였다.
④ 대한 제국의 외교 고문인 스티븐스를 저격하였다.

18. 밑줄 친 '이 단체'에 대한 설명으로 가장 적절한 것은?

> 이 단체는 창립 이후 전국적으로 확산되어 많은 지회가 만들어졌다. 농민, 노동자를 비롯하여 회사원, 은행원, 교사, 변호사에 이르기까지 각계각층의 인사들이 참여하였다. 중앙 간부는 대개 우파 측이 주도하였고, 실제 활동을 담당하는 지방 지회는 주로 좌파가 장악하였다. 지방 지회는 해당 지역에서 활동하던 청년 운동가들이 대거 참여했기 때문에 노동 운동, 농민 운동, 형평 운동 등에 깊은 관심을 가지고 지원하였다.

① 조선 인민 공화국의 수립을 선포하였다.
② 회장은 이상재, 부회장은 홍명희가 선출되었다.
③ 대성 학교와 오산 학교를 세워 민족 교육을 실시하였다.
④ 일제가 허락하는 범위에서 정치적 권리를 획득하고자 하였다.

19. 다음 사실을 계기로 전개된 민주화 운동의 내용으로 옳지 않은 것은?

> 정부는 정·부통령을 당선시키기 위해 관권을 동원하였으며, 사전 투표, 3인조 공개 투표 등 대대적인 부정 선거를 저질렀다. 야당은 선거 무효를 선언했고, 3월 15일 마산에서 부정 선거를 규탄하는 시위가 일어났다.

① 내각 책임제 개헌이 이루어졌다.
② 대통령이 하야하는 계기가 되었다.
③ 최루탄이 눈에 박힌 상태로 숨진 김주열군의 시체가 발견되었다.
④ 정부는 대통령 직선제 개헌 등을 담은 시국 수습 방안을 발표하였다.

20. 다음 역사적 사실들을 순서대로 바르게 나열한 것은?

> ㉠ '한국 문제에 관한 4개항의 결의서'가 채택되었다.
> ㉡ 이승만을 중심으로 독립 촉성 중앙 협의회가 발족되었다.
> ㉢ 여운형, 안재홍 등이 조선 건국 준비 위원회를 조직하였다.
> ㉣ 맥아더가 포고령 1호를 발표하여 미·소 양군의 한반도 진주를 확정하였다.

① ㉢-㉣-㉠-㉡
② ㉢-㉣-㉡-㉠
③ ㉣-㉢-㉠-㉡
④ ㉣-㉢-㉡-㉠

수고하셨습니다.
당신의 합격을 응원합니다.

합격까지

2025 공무원 시험 대비 적중동형 모의고사
한국사
▌제5회 ▌

응시번호		문제책형
성 명		A

제1과목	국어	제2과목	영어	제3과목	<u>한국사</u>
제4과목		제5과목			

한 국 사

1. 다음 역사적 사건에 대한 설명으로 옳은 것은?

> 내가 봉기하자 나의 고향을 현(縣)으로 승격시키고 수령을 두어 편안하게 살게 해주겠다고 회유하더니, 오래지 않아 다시 군사를 보내 토벌하고 나의 어머니와 아내를 옥에 가둔 것은 무슨 뜻인가? 차라리 칼날 아래서 죽을지언정 끝내 항복하지 않을 것이며 반드시 왕경에 이르고야 말겠다.

① 특수 행정 구역인 소에서 발발하였다.
② 최충헌의 사노비인 만적이 주도하였다.
③ 신라의 부흥을 외치며 고려 정부에 저항하였다.
④ 서경 유수 조위총이 지방군과 농민을 이끌고 봉기하였다.

2. 다음 (가) 사절단에 대한 설명으로 옳은 것은?

> 정부는 미국과 수교한 후 공사 파견에 대한 답례로 미국에 (가) 을/를 보냈다. (가) 일행은 미국의 대통령을 만나고 박람회, 병원, 신문사, 육군 사관 학교 등을 시찰하고 돌아왔다.

① 별기군 창설을 건의하였다.
② 민영익을 전권 대사로 삼아 파견하였다.
③ 『조선책략』을 입수하여 국내에 소개하였다.
④ 재정 부족 등의 이유로 1년 만에 귀국하였다.

3. 다음 제시된 조약에 대한 설명으로 옳은 것은?

> 한국 황제 밑에 1명의 통감을 두되 통감은 오로지 외교에 관한 사항을 관리하기 위해 경성에 주재하고 친히 한국 황제 폐하를 만날 수 있는 권리를 가진다.

① 한성에 있던 각국 공사관이 폐쇄되었다.
② 부속 각서로 대한 제국 군대가 해산되었다.
③ 외교 고문으로 미국인 스티븐스가 부임하였다.
④ 한국 고등 관리의 임면은 통감의 동의로써 시행되었다.

4. 밑줄 친 '그'에 대한 설명으로 옳은 것은?

> 그는 『북학의』에서 선박을 이용한 통상을 주장하였다. 일본이 조선을 통한 중계 무역에서 벗어나 중국과 직접 거래를 하면서 일어난 변화를 통신사의 경험을 사례로 들어 설명하였다. 또한, 해외의 다른 나라와도 통상해야 함을 강조하였다.

① 채제공의 수행원으로 청나라에 다녀왔다.
② 대동법의 확대와 시헌력 채용을 건의하였다.
③ 『과농소초』를 통해 농기구의 개량을 주장하였다.
④ 성인 남자에게 2결의 토지를 나누어 주자고 주장하였다.

5. (가), (나)의 토지 제도에 대한 설명으로 옳지 않은 것은?

> • (가) 은/는 관품과 인품을 두루 고려해 토지의 수조권을 지급했는데, 이는 관직을 기준으로 삼으면서도 왕조에 대한 충성도를 고려한 결과였다.
> • (나) 은/는 지급 대상을 18과로 나누었다. 또한, 전체적으로 이전보다 지급 액수가 감소했으며 지급 대상에서 산직 관리가 제외되었다.

① (가) - 전 · 현직 관리들에게 토지의 수조권이 지급되었다.
② (가) - 사색 공복을 기준으로 삼아 지급량을 정하였다.
③ (나) - 18과에 들지 못한 자들은 한외과로 분류하였다.
④ (나) - 5품 이상의 관리를 대상으로 한 공음전시가 신설되었다.

6. (가) 사건 당시의 국왕 때 전개된 사실로 옳지 않은 것은?

> 황사영의 백서 사건은 천주교도 황사영이 베이징에 있던 선교사에게 보내려고 했던 편지로 인해 발생한 사건이었다. 황사영은 (가) 의 실태를 전하고 서양 함대의 파견을 요청하는 글을 비단(帛)에 적었으나 사전에 발각되었다.

① 패관잡문 등 신문체를 배척하였다.
② 소론 · 남인은 쫓겨나고 노론이 정권을 잡았다.
③ 서북인에 대한 차별로 인해 반란이 발생하였다.
④ 중앙 관청에 소속된 6만여 명의 공노비를 해방시켰다.

7. 다음 자료에서 설명하고 있는 단체의 이름으로 옳은 것은?

> • 시전 상인들이 경제적 특권 회복을 요구하면서 결성한 단체이다.
> • 외국 상인들의 불법적인 상업 행위를 비판하며 상권 수호 운동을 전개하였다.

① 상무사　　　　　　　　② 대동 상회
③ 독립 협회　　　　　　　④ 황국 중앙 총상회

8. 다음 사건 이후에 전개된 역사적 사실로 옳은 것은?

> 원산의 한 석유 회사 노동자들이 일본인 감독의 한국인 노동자 구타에 항의하며 파업에 들어갔다. 일본인 자본가들로 구성된 원산 상업 회의소가 강경하게 대응하자, 원산 노동 연합회는 총파업으로 맞섰다.

① 북만주에서 대한 독립군단이 조직되었다.
② 한국 독립 유일당 북경 촉성회가 개최되었다.
③ 조선 혁명군이 흥경성 전투에서 대승을 거두었다.
④ 천수평과 어랑촌 전투에서 독립군이 승리하였다.

9. 다음 밑줄 친 신분에 대한 설명으로 옳은 것은?

> 사헌부 대사헌 채수가 아뢰었다. "어제 전지를 보니 통역관, 의관을 권장하고 장려하고자 능통하고 재주가 있는 자는 동서 양반에 발탁하여 쓰라고 특별히 명령하셨다니 듣고 놀랐습니다. … 의관, 역관 무리는 모두 미천한 계급 출신으로 사족이 아닙니다."

① 직역을 세습하고, 같은 신분끼리 혼인하였다.
② 과거·음서·천거를 통해 높은 관직을 차지하였다.
③ 생산에 종사하는 계층으로, 국가에 세금을 납부하였다.
④ 문과 응시가 금지되었으나 무과나 잡과에는 응시할 수 있었다.

10. 다음 시기에 볼 수 있는 사회 모습으로 옳은 것은?

> 이 시기 일제는 일반 관리는 물론 교원도 제복을 입고 칼을 차게 하여 공포 분위기를 조성하였다. 언론·출판·집회·결사의 자유를 빼앗고, 한국인이 발행하는 신문과 잡지의 출간을 금지하였다.

① 토지 조사령을 발표하는 관리
② 심상소학교에서 공부하는 학생
③ 방곡령을 선포하는 황해도 관찰사
④ 놋그릇, 농기구 등을 공출하는 면 서기

11. 밑줄 친 '그'에 대한 설명으로 옳은 것은?

> 그의 사상은 이기이원론적 이기론을 통해 이(理)의 자발성이나 독자성을 강조하였다. 기묘사화 이후 사림의 활동이 위축되면서 무너진 유교적 이상 정치를 실현해야 한다는 당시 과제를 이론적으로 정립하고자 하였다. 따라서 그는 도덕 수양의 근거가 되는 심성론의 정립에 힘썼고, 도덕의 절대성을 확보하기 위한 이상주의적 경향을 보였다.

① 성리학 입문서인 『격몽요결』을 저술하였다.
② 일본의 성리학 발전에 크게 영향을 끼쳤다.
③ 기일원론의 선구자로, 일평생 처사로 지냈다.
④ 방납의 폐단을 개선하기 위해 수미법을 주장하였다.

12. 빈칸에 들어갈 국왕에 대한 설명으로 옳은 것은?

> ○○은/는 대왕대비인 정희왕후, 생모인 소혜왕후, 예종의 계비 안순왕후를 모시기 위해 기존의 수강궁을 수리·확장하고, 궁궐의 이름을 창경궁이라고 하였다. 창경궁은 창덕궁과 함께 동궐(東闕)이라고 불렸으며, 종묘와 연결되었다.

① 공법을 제정하였다.
② 계유정난을 통해 정권을 장악하였다.
③ 호구 파악을 위해 호패법을 처음 도입하였다.
④ 훈구 세력 견제를 위해 사림을 적극 등용하였다.

13. (가)에 들어갈 정치 기구에 대한 설명으로 옳지 않은 것은?

> 신의 어리석은 소견으로는 (가) 을/를 혁파하여 정당으로 개칭하는 것이 가장 좋은 대책이라 생각합니다. 그리하여 육조의 판서와 참판으로 하여금 각기 해당 사항을 대신과 상의하여 결정하게 해서 조종조의 옛 법을 회복한 뒤에야 체통이 바르게 되고 각자의 직무에 충실하게 될 것입니다.

① 삼포왜란을 계기로 상설 기구화되었다.
② 국방 문제를 전담하기 위해 설치된 임시 기구였다.
③ 의정부와 6조 중심의 행정 체계가 유명무실해졌다.
④ 조선 후기, 당상관 이상 대부분의 관리들이 (가)에 참여하였다.

14. 밑줄 친 '그'에 대한 설명으로 옳은 것은?

> 그는 충숙왕과 명덕태후의 소생으로 총명하여 이제현 등을 비롯한 관료들에게 신망을 얻었다. 이에 따라 충정왕의 뒤를 이어 22세에 즉위하여 개혁에 착수하였다. 인사 행정을 맡던 정방을 혁파하였으며, 토지와 노비 문제를 해결하기 위하여 전민변정도감을 설치하였다.

① 학문 연구소인 만권당을 설립하였다.
② 안향의 건의로 섬학전을 설치하였다.
③ 유인우 등을 보내 철령 이북의 땅을 되찾았다.
④ 최윤의에게 『상정고금예문』을 편찬하게 하였다.

15. 다음 역사적 사실들을 순서대로 바르게 나열한 것은?

> ㉠ 진골 귀족인 김흠돌 등이 숙청되었다.
> ㉡ 발해 국왕은 황상이라는 칭호를 사용하였다.
> ㉢ 김헌창이 웅주(웅천주)에서 반란을 일으켰다.
> ㉣ 당나라는 발해 국왕을 발해군왕으로 봉하였다.

① ㉠-㉣-㉡-㉢
② ㉠-㉣-㉢-㉡
③ ㉣-㉠-㉡-㉢
④ ㉣-㉡-㉠-㉢

16. 다음 자료의 나라에 대한 설명으로 옳은 것은?

> 정월에 지내는 제천 행사는 국중 대회로 날마다 마시고 먹고 노래하고 춤추는데 … 이때는 형벌을 중단하고 죄수를 풀어 주었다. 국내에 있을 때 옷은 흰옷을 즐겨 입고 … 금과 은으로 모자를 장식하였다.

① 계루부 집단이 왕위를 차지하였다.
② 선비족의 침입으로 수도가 함락되기도 하였다.
③ 범금 8조가 있어 살인, 절도 등을 처벌하였다.
④ 한 집안 식구를 한 곽에 묻은 독특한 풍습이 있었다.

17. (가)~(라)의 정책을 실시된 순서대로 바르게 나열한 것은?

> (가) 건양이라는 연호를 사용하였다.
> (나) 재정을 탁지아문으로 일원화시켰다.
> (다) 의정부와 각 아문의 명칭이 내각과 부로 바뀌었다.
> (라) 원수부를 설치하고, 진위대의 병력을 증가시켰다.

① (가) - (나) - (다) - (라)
② (나) - (가) - (라) - (다)
③ (나) - (다) - (가) - (라)
④ (다) - (가) - (라) - (나)

18. 다음 내용이 원인이 되어 발생한 역사적 사건에 대한 설명으로 옳은 것은?

> 안핵사 이용태가 부임해서는 박원명이 한 일을 모두 뒤집고 백성들에게 반역죄를 적용하여 죽이려고 하였다. 또한 부자들을 얽어매어 난을 일으켰다는 혐의로 협박하여 많은 뇌물을 요구하였다.

① 활빈당 등의 무장 조직이 결성되었다.
② 유생 출신 의병장인 이소응이 춘천에서 활약하였다.
③ 전봉준은 손화중과 함께 전라도 무장에서 봉기하였다.
④ 보은에서 일반 농민까지 참여한 대규모 집회가 열렸다.

19. 밑줄 친 '이 사건' 이후에 전개된 사실로 옳은 것은?

> 이 사건은 검찰이 아무런 증거도 없이 공소 사실도 특정하지 못한 채 조봉암 등 진보당 간부들에 대해 국가 변란 혐의로 기소하였고 … 이 사건은 정권에 위협이 되는 야당 정치인을 제거하려는 의도에서 표적 수사에 나서 극형인 사형에 처한 것으로 인권 유린이자 정치 탄압 사건이다.
> － 진실·화해를 위한 과거사 정리 위원회 조사 보고서

① 이승만은 부산에서 자유당을 창당하였다.
② 사사오입 논리에 따라 개헌안이 통과되었다.
③ 중앙정보부를 설치하여 비판 세력을 탄압하였다.
④ 3대 정·부통령 선거에서 장면이 부통령으로 당선되었다.

20. 밑줄 친 '왕'의 재위 기간에 있었던 사실로 옳은 것은?

> 가야국 왕이 사신을 보내 혼인을 청하였으므로, 왕이 이찬 비조부의 누이를 그에게 보냈다. … 이찬 철부를 상대등으로 삼아 나라의 일을 총괄하게 하였다. 상대등의 관직은 이때 처음 생겼으니, 지금(고려)의 재상(宰相)과 같다.

① 백제가 사비로 수도를 옮겼다.
② 고구려는 동부여와 숙신을 정복하였다.
③ 이사부가 실직주의 군주로 파견되었다.
④ 백제의 윤충이 신라 대야성을 공격하였다.

수고하셨습니다.
당신의 합격을 응원합니다.